LES
COLLECTIONS D'ANTIQUES
FORMÉES PAR LES MÉDICIS
AU XVIᵉ SIÈCLE

PAR

M. MÜNTZ

EXTRAIT
DES MÉMOIRES DE L'ACADÉMIE DES INSCRIPTIONS ET BELLES-LETTRES
TOME XXXV, 2ᵉ PARTIE

PARIS
IMPRIMERIE NATIONALE

LIBRAIRIE C. KLINCKSIECK, RUE DE LILLE, 11

M DCCC XCV

LES

COLLECTIONS D'ANTIQUES

FORMÉES PAR LES MÉDICIS

AU XVIᵉ SIÈCLE

LES
COLLECTIONS D'ANTIQUES
FORMÉES PAR LES MÉDICIS
AU XVIᵉ SIÈCLE

PAR

M. MÜNTZ

EXTRAIT
DES MÉMOIRES DE L'ACADÉMIE DES INSCRIPTIONS ET BELLES-LETTRES
TOME XXXV, 2ᵉ PARTIE

PARIS
IMPRIMERIE NATIONALE

LIBRAIRIE C. KLINCKSIECK, RUE DE LILLE, 11

M DCCC·XCV

LES
COLLECTIONS D'ANTIQUES
FORMÉES PAR LES MÉDICIS
AU XVIᵉ SIÈCLE.

I

INTRODUCTION.

L'histoire des collections médicéennes a été abordée à plusieurs reprises, notamment par Bencivenni-Pelli, dans son *Saggio istorico della Real Galleria di Firenze* (Florence, 1779); par M. Gotti dans *le Gallerie di Firenze* (Florence, 1872), et plus récemment par M. Dütschke dans ses *Antike Bildwerke in Oberitalien* (t. III; Leipzig, 1878, p. VII et suiv.).

Cependant, à côté des matériaux réunis par ces savants, il y a place, je crois, pour les documents plus modestes, mais complètement inédits, dont je donne ci-après le texte. Ces documents nous font connaître la date de l'entrée ou de la sortie d'une foule d'œuvres d'art : vases antiques, bronzes, marbres, médailles, etc.; ils permettront aux archéologues de retrouver la provenance de plus d'une statue, de plus d'un tableau, conservés de nos jours dans les galeries florentines. En les livrant à la publicité, j'ai à remplir un devoir : je tiens à constater avec quelle obligeance feu M. le chevalier Soldi, archiviste de la maison de S. M. le Roi au palais Pitti, les a recherchés ou fait copier à mon intention il y a une quinzaine d'années [1].

Je ne me dissimule pas, d'un autre côté, que je n'accomplis qu'une partie de la tâche qui m'incombe; pour mener celle-ci à fin, il resterait à identifier les objets décrits dans les inventaires avec ceux qui figurent dans les galeries florentines. Mais, à distance, un tel travail offrirait de trop nombreux risques d'erreurs, et c'est aux zélés conservateurs des Offices, du palais Pitti et du Bargello qu'il faut laisser l'honneur de ces vérifications.

Au xve siècle, les collections florentines s'étaient recrutées un peu partout : le Pogge avait étendu ses recherches jusqu'aux îles de la Grèce. Au xvie siècle, les deux principales sources mises à contribution furent la Toscane d'abord (Arezzo, Pistoia, Luni, etc.), Rome ensuite. Il sera parlé en détail des antiques trouvées dans les environs plus ou moins immédiats de Florence. Quelques mots ici sur les ressources offertes par la capitale même [2] : elles n'étaient nullement à dédaigner; à tout in-

---

[1] Ces archives, quasi inabordables à l'époque où j'ai obtenu l'autorisation d'y travailler, sont aujourd'hui réunies aux Archives d'État et installées au palais des Offices. Pelli en a mis à contribution, au siècle dernier, une partie. Plus récemment, M. Ridolfi y a puisé les éléments de son travail sur les portraits de Raphaël possédés par les galeries florentines (*Archivio storico dell' Arte*, 1891, p. 425 et suiv.). Il serait à souhaiter qu'elles fussent soumises à un dépouillement méthodique. M. Dütschke n'a eu connaissance que de quelques fragments de ces inventaires, par exemple de la mention relative aux deux *Molosses* (III, p. 20).

[2] Voir le volume que j'ai publié sous le titre : *Les Collections des Médicis au xve siècle : le Musée; la Bibliothèque; le Mobilier. Appendice aux Précurseurs de la Renaissance* (Paris, 1888). Il ne semble pas que les Médicis du xvie siècle aient songé à mettre à contribution la Grèce ou les îles, comme l'avaient fait le Pogge et, plus tard, la marquise Isabelle de Mantoue. On sait que celle-ci fit explorer à cette fin, de 1505 à 1508, les îles de Rhodes, de Naxos et de Cos. (Bertolotti, *Figuli, Fonditori e Scultori in relazione con la corte di Mantova*, p. 88-89. Milan, 1890.)

stant, la pioche des terrassiers mettait au jour quelque statue ou quelque bas-relief[1]. Telles furent les sculptures découvertes en 1567. (Voir Appendice III.)

Infiniment plus nombreuses et plus importantes étaient les contributions prélevées sur le territoire romain : les Florentins le mirent littéralement en coupe réglée. Dès les dernières années du xve ou les premières années du xvie siècle, ils réussirent à conquérir une partie des statues découvertes dans les thermes de Dioclétien. Ce fait, qui semble avoir passé inaperçu, est rapporté par Albertini[2] et par Bern. Ruccellai[3].

On manque de détails sur les sculptures antiques exposées dans les fameux jardins des Médicis, près de leur palais de la Via Larga (aujourd'hui palais Riccardi). J'ai réuni dans mes *Précurseurs de la Renaissance* et dans mes *Collections des Médicis au xve siècle* les quelques informations, fort précaires, qu'il m'a été possible de recueillir à ce sujet. En ce qui concerne notamment le *Marsyas* (n° 169) de la galerie des Offices, M. Dütschke doute qu'il soit identique à celui qui appartenait à Laurent le Magnifique et qui fut restauré par Verrocchio.

---

[1] Sur les antiquités trouvées à Florence, voir Lami, *Lezioni di Antichità toscane e specialmente di Firenze* (Florence, 1766); — Lastri, *L'Osservatore fiorentino*, éd. de 1798, t. V, p. 140-142; — *Les Précurseurs de la Renaissance*, p. 44-45. — Sous Cosme Ier, on découvrit des antiquités près de Santa Giustina et de San Matteo. (Vasari, éd. Milanesi, t. I, p. 632.)

[2] « Diocletianus igitur inchoatum opus absolverat omni cultu perfectum. Secuti principes posuere ibi statuas et seniorum et novorum imperatorum, quorum capita integra et fragmenta reliqua corporum erui ex subterranea testudine, velut ibi post ruinas thermarum conservata vidimus, et partim in Capitolium delata; partim Florentiam missa. » (*Opusculum de Mirabilibus nove et veteris urbis Rome*, éd. de 1515, fol. 21.)

[3] « Vidimus et ipsi Florentine marmorea capita principum Romae nuper eruta e subterranea testudine (in thermis Diocletiani) ac Florentiam missa principibus viris nostrae civitatis. » (*Libet de Urbe Roma*, éd. Beccuci.)

Nous possédons, par contre, le catalogue détaillé des camées, médailles et autres objets précieux réunis par Cosme, son fils Pierre et son petit-fils Laurent le Magnifique : c'était la collection la plus riche de l'Italie [1].

En 1512, lors de la révolution qui rendit le pouvoir aux Médicis, tout ce qui restait de leurs collections leur fut restitué.

Grâce au témoignage de Claude Bellièvre de Lyon, qui visita l'Italie au début du pontificat de Léon X, on sait qu'à cette époque le palais des Médicis à Florence renfermait, entre autres, une statue de *Caton le Censeur,* analogue à celle qui ornait le palais Cesarini à Rome [2].

II

LE PALAIS DES MÉDICIS À ROME.

Depuis l'avènement de Léon X jusqu'à l'asservissement définitif de Florence, c'est à Rome qu'il faut chercher les manifestations de l'ardeur et de la libéralité des Médicis : Léon X et Clément VII, sans oublier l'embellissement de leur ville natale et l'enrichissement des palais élevés par leurs ancêtres, consacrèrent de préférence leurs efforts, comme c'était leur devoir, à la capitale de la Papauté [3].

---

[1] La gemme la plus célèbre de Laurent le Magnifique était le soi-disant cachet de Néron, représentant le *Supplice de Marsyas.* Du Choul a encore vu cette pièce, qui était accompagnée de l'inscription NERO CLAVDIVS CAESAR AVGVSTVS GERMANICVS P. MAX. TR. P. IMP. P. P. « Et par le cachet de Nero, duquel i'ay faict retirer la graveure antique, pourra veoir le lecteur la figure de ce combat. » (*Discours de la Religion des anciens Romains;* Lyon, 1556, fol. 196.) — D'après M. Molinier (*Les Bronzes de la Renaissance,* t. I, p. 2, 3, 4, 6), le cachet de Néron n'est plus connu que par une reproduction en bronze conservée au musée de Berlin.

[2] Voir mon *Musée du Capitole,* p. 15.

[3] Bunsen, Platner, etc., *Beschreibung der Stadt Rom,* t. III, 3ᵉ partie, p. 309-370. — Albertini, *Opusculum de Mirabilibus novae urbis Romae,* éd. Schmarsow, p. 27. (Heilbronn, 1886.)

Quelques mots d'abord sur le monument qui servit d'asile à ces sculptures.

Le palais Madame n'a nullement été construit, comme on le lit dans toutes les descriptions de Rome, y compris celle de Nibby, par Catherine de Médicis. Commencé vers la fin du XVe siècle, acheté en 1505 par les Médicis, il servit d'abord de résidence au cardinal Jean, le futur Léon X, puis à sa belle-sœur, Alphonsine Orsini, veuve de Pierre de Médicis (morte le 7 février 1520[1]), et enfin à la sœur du pape, Lucrèce Salviati.

Les informations sur les collections réunies dans le palais Médicis à l'époque où il servit de résidence au cardinal Jean sont des plus sommaires. Nous savons seulement par Albertini, dont l'*Opusculum de Mirabilibus novae et veteris urbis Romae* parut en 1510, qu'on y voyait, outre une précieuse bibliothèque, plusieurs statues de marbre, dont un très beau *Satyre*[2].

Tout à coup, au début du pontificat de Léon X, une acquisition capitale appela l'attention des artistes, des amateurs et des archéologues de l'Europe entière sur le palais que le nouveau souverain pontife venait de quitter: c'étaient les statues des *Gaulois* et de l'*Amazone*, découvertes à Rome en 1514[3].

---

[1] Litta, *Famiglie celebri*. — En même temps que je soumettais à l'Académie cet essai sur l'histoire des collections du palais des Médicis (séance du 12 juillet 1893), M. Michaelis consacrait un mémoire des plus importants à l'histoire de l'*Amazone*, aujourd'hui conservée au musée de Naples (*Annuaire de l'Institut de correspondance archéologique*, 1893, 3e livraison, p. 119-134). Comme les recherches du savant professeur de Strasbourg et les miennes se complètent réciproquement, je reproduis mon travail tel qu'il a été communiqué à l'Académie lors de la première lecture, en ajoutant en note les indications que m'a fournies le mémoire de M. Michaelis. Voir en outre la communication faite à l'Académie par M. Salomon Reinach et mes observations sur cette communication (*Comptes rendus*, 1893, p. 386 et 387), ainsi que l'article de M. Petersen dans les *Mittheilungen des Kais. d. archæologischen Instituts. Röm. Abtheilung*, 1893, p. 251-259.

[2] « Bibliotheca... in qua sunt nonnullae statuae marmoreae cum Satyro pulcherrimo. »

[3] *Monuments de l'Institut de correspon-*

Depuis le travail de H. Brunn[1], les figures de *Géants*, d'*Amazones*, de *Perses* et de *Galates* composant l'ex-voto dédié par le roi Attale Ier (241-197) sur un des flancs de l'Acropole d'Athènes ont conquis une place à part dans les annales de la sculpture grecque. D'après M. Salomon Reinach, cet ensemble grandiose comprenait peut-être une centaine de statues (en bronze?), dont une partie seulement est connue par des reproductions anciennes[2]. Eh bien, à l'origine, six au moins de ces reproductions ornaient le palais Médicis à Rome, où elles revirent pour la première fois la lumière, après avoir été ensevelies pendant de longs siècles.

La suite étudiée par Brunn représente une dizaine de statues, dont trois conservées au musée de Saint-Marc à Venise, quatre au musée de Naples, une au Vatican, une au Louvre, une au musée d'Aix, en Provence. M. Salomon Reinach propose d'y rattacher plusieurs autres figures, notamment une statue découverte par lui à Délos.

Je m'occuperai en premier lieu de la statue d'Aix, qui fut découverte longtemps avant les autres; en effet, un des miniaturistes employés par le duc de Berry († 1416), Pol de Limbourg (d'après M. Léopold Delisle), la reproduisit dans le Livre d'heures acquis par Mgr le duc d'Aumale pour le

---

dance archéologique, t. IX, pl. 20 et 21; *Annales*, 1870, p. 292 et suiv.

[1] *Les Gaulois dans l'art antique*; Paris, 1889, p. 13 et 24. Cf. *Bulletin de correspondance hellénique*, 1889, p. 113-130; Overbeck, *Geschichte der griech. Plastik*, édition de 1882, t. II, p. 205. — Un dessin des *Gaulois* du musée de Naples se trouve dans le recueil de Cambridge (Michaelis, n° 46); un autre, celui d'une des Amazones du même groupe, dans le recueil du musée de Bâle (Michaelis, n° 19). Voir en outre Mme Mitchell, *A History of ancint Sculpture*, p. 570-573; Londres, 1883; Baumeister, *Denkmäler des Klassischen Alterthums*, t. II, p. 1241-1248.

[2] Sur les statuettes en bronze se rattachant à cette suite, voir l'article de Wolters: *Jahrbuch des K. d. arch. Instituts*, 1886, p. 85-87.

musée de Chantilly. Ce rapprochement, qui a été proposé par M. de Duhn[1], a reçu en Allemagne une approbation générale.

Je dois toutefois faire observer que, si la miniature procède réellement du marbre, comme l'affirme M. de Duhn, il ne s'ensuit nullement que le miniaturiste l'ait exécutée à Paris même, où ce marbre se serait trouvé dès lors, c'est-à-dire au début du xve siècle. On sait en effet aujourd'hui qu'un des miniaturistes employés par le duc de Berry visita l'Italie, qu'il y releva le plan de Rome que j'ai publié dans la *Gazette archéologique*, et qu'il y copia la *Présentation au Temple* peinte à Florence dans l'église Santa Croce. Or la statue du musée d'Aix n'a fait son apparition à Paris qu'au siècle dernier, en 1754, dans la collection du sculpteur Lambert Sigisbert Adam, qui la publia dans son *Recueil des Sculptures antiques grecques et romaines*. Auparavant — en d'autres termes — vers le début du xve siècle, époque à laquelle elle servit de modèle au miniaturiste du duc de Berry, elle se trouvait très certainement à Rome.

Occupons-nous maintenant des statues conservées au palais Médicis.

Un de nos compatriotes, l'archéologue lyonnais Claude de Bellièvre, qui visita Rome à cette époque, nous apprend qu'une des statues avait été transportée au Vatican (elle avait été sans doute offerte à Léon X par sa belle-sœur Alphonsine)[2] et que les autres étaient exposées au palais Médicis. C'étaient : 1° un vieillard barbu étendu sur le sol[3]; 2° une Amazone (d'après

---

[1] *Springer-Studien*, p. 5; 1885. Cf. l'article de M. Benndorf dans les *Mittheilungen* d'Athènes, t. I, 1876, p. 167, 171, pl. 7.

[2] M. Reinach a douté de l'identité de la statue du Vatican, mentionnée par Bellièvre, avec la statue décrite par Aldroandi;

mais je ne saurais admettre avec lui qu'il s'agisse de deux statues distinctes. Voir Helbig, *Führer durch die öff. Sammlungen Klassischer Alterthümer in Rom;* Leipzig, 1891; t. I, p. 289.

[3] Musée de Naples.

Bellièvre, la sœur des Horaces)[1]; 3° un jeune homme agenouillé cherchant à relever l'épée qui lui a échappé[2]; 4° un personnage qui tombe[3]; 5° un personnage sur le point d'expirer, ayant à côté de lui, sur le sol, son glaive recourbé et son bouclier[4]; 6° un personnage qui se courbe comme pour étrangler son adversaire[5].

M. Klügmann, qui a le premier rapproché le texte de Bellièvre des statues de l'ex-voto d'Attale, ignorait l'époque de leur découverte; il estimait en outre qu'elles devaient provenir de thermes élevés dans le voisinage du palais Massimi, les thermes d'Agrippa, embellis et agrandis par Alexandre Sévère[6].

Un document, inconnu jusqu'à ces derniers temps, quoiqu'il ait été livré à l'impression depuis un demi-siècle, permet de répondre du moins à la première question : les statues du palais de Médicis ont été trouvées au mois d'août ou de septembre 1514; ce fait résulte d'une lettre adressée de Rome par Filippo Strozzi à Giovanni di Poppi, un des familiers de Laurent de Médicis le jeune (septembre 1514)[7].

Quant aux circonstances dans lesquelles la découverte fut faite, la même lettre nous fournit les détails suivants : Alphonsine Orsini, la mère de Laurent de Médicis le jeune, faisait construire une cave à l'usage de certaines religieuses («certe monache»), lorsqu'on trouva des statues de la plus grande beauté. A la date à laquelle Strozzi écrivait, le nombre des statues découvertes s'élevait à environ cinq; mais il semble,

---

[1] Musée de Naples. Cf. Michaelis, 1892, p. 87.

[2] Entrée au musée du Louvre avec la collection Borghèse. (Clarac, pl. 280, n° 2151; Reinach, fig. 7; *Bulletin de correspondance hellénique*, 1889, pl. 1; texte, p. 125.)

[3] Musée de Naples.

[4] Idem.

[5] Idem.

[6] Archaeol. Zeitung, 1876, p. 35 et 37.

[7] Gaye, Carteggio, t. II, p. 139. Cf. mon article de la *Revue archéologique* (janvier 1882; p. 14 du tirage à part).

d'après le contexte de la lettre, que les fouilles continuassent. Ainsi s'expliquerait comment le cardinal Grimani put acquérir de son côté trois statues de la même suite, celles-là mêmes qui, données par lui en 1523 à la République de Venise, se trouvent aujourd'hui au musée de Saint-Marc.

Il resterait à déterminer où se trouvait le couvent de nonnes dans lequel Alphonsine Orsini avait fait établir la cave. C'est un problème que je n'ai pu résoudre jusqu'ici. M. Forcella, dans son grand recueil épigraphique, ne rapporte qu'une seule inscription relative à cette princesse, celle qui lui fut consacrée dans l'église Sainte-Marie-du-Peuple [1].

En 1697, les *Gaulois* et l'*Amazone* se trouvaient au palais Farnèse; en 1767, à la villa Farnèse. Ce ne fut qu'en 1796 que l'*Amazone* et la dernière statue de *Gaulois* prirent le chemin de Naples [2].

Les statues du palais Médicis semblent avoir été plus d'une fois mises à contribution par les artistes du xvie siècle.

On a rapproché des *Gaulois* une gravure anonyme de 1541, qui reproduit, en partie du moins, un dessin de la collection Albertine attribué à Jules Romain [3]. Ce dessin, photographié par MM. Braun (n° 124), représente six combattants, quatre debout, luttant, et deux étendus sur le sol. Parmi ces derniers, le combattant étendu au premier plan rappelle, par son attitude générale, un des guerriers du musée de Naples, mais les détails diffèrent : tandis que, dans la statue, le bras droit, armé

---

[1] *Le Iscrizioni delle Chiese... di Roma*, t. I, p. 336.
[2] Michaelis, *Jahrbuch* de 1893, p. 123.
[3] Thode, *Die Antike in den Stichen Marc Antons*, p. 39. — Dans son catalogue des dessins de la collection Albertine (« Scuola romana », n° 402), M. Wickhoff retranche ce dessin de l'œuvre de Jules Romain, mais sans émettre une autre attribution. Il rappelle que la composition a été gravée par Fantuzzi et par l'Anonyme de 1541. (Bartsch, t. XV, p. 29, n° 2.) *Die italienischen Handzeichnungen der Albertina*.

du glaive, est ramené au-dessus de la tête; dans le dessin, ce même bras est baissé, et c'est le bras gauche qui est levé[1].

On voit quel intérêt l'étude des collections du palais Médicis offre pour notre pays, tant eu égard à l'illustration des luttes soutenues par les Gaulois qu'en raison de l'entrée au musée du Louvre d'une des statues ayant appartenu à Alphonsine Orsini.

Après cette digression, je reprends l'histoire des collections réunies à Rome par les Médicis. Lucrèce Salviati, qui continua d'habiter le palais de sa famille jusque vers 1536, l'ouvrit, ce semble, assez libéralement aux archéologues et aux artistes. C'est ainsi que le peintre flamand Martin Heemskerck, fixé à Rome de 1532 à 1536, put dessiner le portique du palais avec les statues qui l'ornaient[2].

Lorsque la veuve d'Alexandre de Médicis, Madame Marguerite d'Autriche, devenue la femme d'Octave Farnèse, petit-fils du pape Paul III, vint s'établir à Rome, Lucrèce Salviati dut lui abandonner le palais, qui prit désormais le nom de palais Madame. Ce ne fut qu'en 1586, à la mort de Marguerite, que l'édifice fit retour aux Médicis.

La prise de possession du palais par Marguerite d'Autriche eut pour effet de faire passer dans la famille de son nouvel époux, Octave Farnèse, les œuvres d'art de toute nature qui garnissaient l'édifice. En 1731, les Bourbons d'Espagne recueillirent ces collections avec le reste de la succession des Farnèse et les firent transporter à Naples.

---

[1] Vers le milieu du xvie siècle, Paul Véronèse rapporta de Rome des moulages d'*Amazones*; peut-être celle du palais Médicis figurait-elle dans le nombre. Voir la monographie de M. Yriarte : *Paul Véronèse*, p. 42.

[2] Voir Michaelis, *Jahrbuch* de 1891, p. 161, et *Jahrbuch* de 1893.

Aldroandi, qui rédigea en 1550 le catalogue des statues de Rome, n'eut garde d'oublier les statues des *Horaces* et des *Curiaces* conservées au palais Médicis. (Voir l'Appendice.)

Le même auteur nous apprend que le palais renfermait à cette époque deux *Bacchus*, sans tête [1], une *Vénus assise* [2], diverses statues de femmes, le pied d'un colosse en marbre rosé, ainsi qu'une foule de fragments.

D'autres statues du palais Médicis ont été reproduites par Heemskerck et décrites par M. Michaelis, qui a réussi à retrouver plusieurs d'entre elles au musée de Naples [3].

III

ALEXANDRE ET LORENZINO DE MÉDICIS.

Pendant que les Médicis de Rome réunissaient l'imposant ensemble qui vient d'être analysé, que devenaient les collections formées à Florence même par d'autres membres de la famille?

Laurent de Médicis le jeune, duc d'Urbin et chef du gouvernement florentin († 1519), n'eut pas le loisir, débordé qu'il était par les luttes politiques, de s'occuper d'art ou d'archéologie. On en peut dire autant du cousin de Laurent, Alexandre, qui fut envoyé à Florence en 1525 par son parent Clément VII, mais forcé, dès 1527, de quitter la ville avec les siens.

La révolution de 1527 respecta les collections des Médicis. A cette occasion, Baccio Bandinelli rendit aux représentants de

---

[1] Aujourd'hui au musée de Naples, n°ˢ 96 et 120. (Clarac, t. IV, pl. 670 E, n° 1586, et pl. 691, n° 1627; Michaelis, *Jahrbuch* de 1891, p. 161-162.)

[2] Elle se trouve actuellement au musée de Naples, n° 307. Cf. n° 1410; Clarac, t. IV, pl. 606 A; Michaelis, *Recueil de Cambridge*, n° 22; Heemskerck, fol. 5, 6 v°.

[3] *Jahrbuch des K. deutschen archäologischen Instituts*, 1891, p. 152, 161-162, et 1892, p. 101.

la seconde génération un service analogue à celui que son père avait rendu à leurs ancêtres lors de la révolution de 1494 : il cacha dans une villa un certain nombre de camées et de figurines de bronze antiques qui leur appartenaient[1].

Le rétablissement des Médicis (1530) et la nomination d'Alexandre comme duc de Florence ne profitèrent que peu aux collections de la famille.

Par contre, Lorenzino, le cousin d'Alexandre, se signala par sa passion pour les antiques; elle était si vive qu'elle lui fit commettre un acte de véritable vandalisme : en 1534, il enleva les têtes d'une série de statues, notamment de celles de l'arc de Constantin. On juge de l'indignation des Romains ! Un contemporain, le chroniqueur Benedetto Varchi, nous a laissé un récit circonstancié de cet attentat, qui faillit avoir des conséquences funestes pour son auteur. « En ce temps, Lorenzino encourut la disgrâce du pape et la haine de tout le peuple romain pour le motif suivant : un matin, on découvrit que sur l'arc de Constantin et dans d'autres endroits on avait enlevé les têtes d'une foule de statues antiques. Le pape Clément entra dans une telle colère qu'il donna l'ordre (ignorant qui était le coupable) de pendre immédiatement, quel qu'il fût, celui qui avait enlevé ces têtes. Il ne faisait d'exception que pour le cardinal de Médicis. Celui-ci se rendit auprès du pape pour excuser Lorenzino en raison de sa jeunesse, et en raison aussi de la passion de ses ancêtres pour ces « antiquailles » (« desideroso, secondo il costume de' loro maggiori, di cotali anticaglie »). Il

---

[1] « Quando i Medici si partirono di Firenze dopo il sacco di Roma; dove Baccio non si tenendo sicuro, avendo nimicizia particulare con un suo vicino, alla villa di Pinzerimonte, il quale era di fazion popolare, sotterrato che ebbe in detta villa alcuni cammei ed altre figurine di bronzo antiche che erano de' Medici, se n'andò a stare a Lucca. » (Vasari, éd. Milanesi, t. VI, p. 152.)

réussit avec grand'peine à calmer le souverain pontife. Lorenzino du tquitter Rome; deux édits furent promulgués contre lui, l'un par les chefs de région, qui le bannissaient à perpétuité de Rome, l'autre par le Sénateur, qui promettait un prix à qui le tuerait à Rome. Messire F. Maria Molza prononça contre lui un violent réquisitoire.

Lors de l'assassinat du duc Alexandre, en 1537, les collections médicéennes, qui avaient déjà traversé tant d'épreuves, furent pillées à nouveau. Après la proclamation de Cosme Ier, les soldats et la foule envahirent son palais, ainsi que celui de Lorenzino, et les mirent littéralement à sac : ils enlevèrent la bibliothèque, une infinité de statues antiques, partie en marbre, partie en bronze, dont plusieurs devinrent la propriété d'Alexandre Vitelli, qui avait été l'instigateur du pillage.

Le départ de la veuve d'Alexandre, Marguerite d'Autriche, et son mariage avec Octave Farnèse, le petit-fils du pape Paul III et le futur duc de Parme, portèrent au musée des Médicis un coup plus sensible encore. L'ambassadeur de Charles-Quint, Ferdinand de Silva, appelé le comte de Sifonte, fit main basse sur les joyaux laissés par Alexandre, sous le prétexte de garantir à Marguerite son douaire ; il emporta notamment la fameuse coupe («la tazza Farnese») et le prétendu *Cachet de Néron*, c'est-à-dire la pierre gravée représentant *Apollon et Marsyas* [1]. D'abord transportées à Parme, les plus belles pièces, et notamment des camées et des intailles en très grand nombre, ainsi que la coupe, devinrent, par voie d'hérédité, la propriété de la maison royale de Naples : on sait qu'après avoir figuré longtemps au palais de Capo di Monte elles ont fini par trouver un asile au «Museo Borbonico».

---

[1] Voir ci-dessus, p. 88.

IV
COSME 1ᵉʳ (1537-1574).

L'avènement de Cosme de Médicis (9 janvier 1537) marque une nouvelle étape dans l'histoire du Musée médicéen.

Ce n'était pas une tâche facile pour le jeune souverain que de reconstituer ou de remplacer le magnifique ensemble des collections réunies par ses ancêtres. Cosme apporta dans cette œuvre pieuse la libéralité, l'ardeur, l'esprit d'organisation, qui avaient assuré le succès de ses entreprises politiques ou administratives. Beaucoup de statues, heureusement, étaient restées à Florence; la série des peintures n'avait pas non plus subi trop de pertes. Des achats et des commandes sans nombre complétèrent rapidement ce premier noyau.

Une lettre de Cosme à Vasari au sujet du *Rémouleur* montre que ce prince ne reculait devant aucun sacrifice pour satisfaire sa passion : « Nous vous apprenons que nous sommes décidé à acquérir n'importe comment (« a ogni modo ») le *Paysan qui aiguise le couteau*, et comme vous nous dites que son propriétaire est résolu de le donner pour huit cents écus [quelque chose comme quarante mille francs de notre monnaie], s'il ne le donne pas à moins, prenez-le tout de même. »

Un contemporain nous montre Cosme nettoyant de sa main, à l'aide de petits ciseaux d'orfèvre, les bronzes antiques qu'on lui apportait [1].

---

[1] « Essendosi in questi giorni trovato certe anticaglie nel contado d'Arezzo infra le quali si era la Chimera, ch'è quel lione di bronzo, il quale si vede nelle camere convicino alla gran sala del Palazzo; ed insieme con la della Chimera si era trovato una quantità di piccole statue, pur di bronzo, le quali erano coperte di terra e di ruggine, ed a ciascuna di esse mancava o la testa, o le mani, o i piedi; il

LES COLLECTIONS D'ANTIQUES DES MÉDICIS.

Voici, dans l'ordre chronologique, les principales acquisitions faites par ce prince :

Vers 1541, la belle *Pallas* en bronze découverte à Arezzo.

Vers 1548, Cosme reçut de Stefano Colonna, de la famille des princes de Palestrine (mort cette même année), le *Ganymède* (Dütschke, n° 532), qui fut restauré par Benvenuto Cellini. Notons toutefois que le sculpteur flamand Guillaume («Guglielmo Fiamingo») s'attribue, dans une lettre adressée à Cosme, le mérite de cette restauration, exécutée par lui, affirme-t-il, vers 1549 [1].

Dès 1550, le musée du Belvédère fournit quelques contributions au musée des Médicis; à cette date, le pape Jules III céda à Cosme le *Mercure*, aujourd'hui exposé aux Offices (Dütschke, n° 501) [2]. Le témoignage de Vasari confirme formellement cette provenance.

En 1553, la «guarda-robba» ducale s'enrichit d'une longue série de vases en terre cuite et d'une série plus riche encore de bronzes, dont un inventaire nous a conservé le détail [3]. On trouvera plus loin le texte de ce document, qui offre, si je ne m'abuse, un intérêt capital, car il prouve que, dès lors, ce que l'on peut appeler l'«antiquarium» des Médicis contenait des séries excessivement nombreuses [4].

Il importe, en outre, de constater que dès cette époque les

---

duca pigliava piacere di rinettarsele da per sè medesimo con certi cesellini da orefici... (*Vita*, éd. Tassi, t. II, p. 468-469.)

[1] Gaye, *Carteggio*, t. III, p. 69.
[2] Michaelis: *Arch. Zeitung*, t. XXXIV, p. 152. — Dütschke, t. III, p. 260.
[3] Ce sont probablement les bronzes d'Arezzo mentionnés par Cellini. Voir ci-dessus, p. 98, note 1.

[4] Je dois toutefois faire observer que certaines de ces mentions peuvent fort bien constituer un double emploi. Le comptable qui enregistre les sorties ne manque pas de donner également place sur ses inventaires aux rentrées. Il est donc possible que tel objet y soit porté jusqu'à deux ou trois reprises différentes, sans que nous soyons prévenus de cette répétition.

terres cuites antiques étaient recherchées à l'égal des bronzes et des marbres. Nous trouvons entre autres, sur la liste de 1553, six vases de terre, parmi lesquels deux lampes, un vase à deux manches, trois petits vases noirs, trois tasses noires, huit lampes, etc.

Les curiosités d'histoire naturelle commencent également à prendre place à côté des œuvres d'art. L'inventaire de 1553-1568 (p. xlv-xlvi) mentionne deux morceaux de pierre « con impronta di pesce », c'est-à-dire des fossiles.

L'enrichissement du médaillier fut l'objet d'une sollicitude non moins vive. Voici quels en furent les principaux accroissements : 1546, plusieurs centaines de médailles découvertes à Marliana, près de Pistoja (voir Appendice II); 1554, 87 médailles; 1561, acquisition d'un riche choix de médailles d'or et d'argent vendues par un Juif vénitien nommé Jacobillo. Le prix stipulé fut du double de la valeur intrinsèque; quant aux médailles de bronze, elles furent données par-dessus le marché[1]. Ce détail a son intérêt pour l'histoire des collections de monnaies antiques.

Vers 1553, l'inventaire de la garde-robe enregistre l'entrée des marbres antiques suivants : un *Bacchus* assis, de petites dimensions, un *Cupidon* endormi, un *Appius* aveugle, un *Antonin le Pieux*, deux *Brutus*, un *Enfant* (« puttino »), la face d'un colosse, deux grands masques, un *Ganymède* avec l'aigle à ses pieds, deux *Enfants tenant un trophée*, deux pieds de marbre, le fragment du bras d'un géant, un sarcophage, deux jambes d'enfant, neuf têtes de marbre, parmi lesquelles celle de *Jules César*, vingt-six têtes de marbre sans buste, trois torses, trois têtes de grandes dimensions, trouvées « nell' Elba », six autres têtes,

---

[1] Pelli, *Saggio... della R. Galleria di Firenze*, t. I, p. 70, 75; t. II, p. 32, 37.

dont une grande, deux petites, une tête de femme, une tête barbue sans nez, un torse d'enfant, une petite tête de *Brutus*, un torse de femme, six petits torses, plus un certain nombre de sculptures dont l'âge n'est pas indiqué.

A la même époque, la découverte de la *Chimère* de bronze (voir ci-dessus, p. 98) combla de joie et d'orgueil le prince amateur.

En 1554, la collection s'accrut d'un *Apollon*, de deux brasses environ, sans tête; en 1556, de deux têtes sans buste.

En 1559, le duc retira de la garde-robe, pour les exposer dans son « scrittojo », les bronzes suivants : un torse d'*Hercule* avec la tête, un *Aristote*, un masque, un *Centaure*, une *Minerve*, trois têtes, un *Mercure* de petite dimension, une figurine de Femme, avec « una foglia in capo », une autre figurine assise sur un oreiller, trois figurines, dont deux portant un mort, un *Bacchus* sans mains, huit figures, dont une Femme sans tête, un petit torse, un petit Cheval, trois têtes de petite dimension, l'une en bas-relief, un couvercle de vase, une petite clef, un Canard, un *Gladiateur*, un torse avec la jambe gauche, un masque, un torse, une lanterne, deux figurines, l'une sans les bras et sans la jambe droite, six médailles de bronze, etc.

Particulièrement important pour l'enrichissement du musée des Médicis fut le voyage de Cosme à Rome en 1560-1561. Le pape Pie IV, qui attachait plus de prix à l'alliance du souverain de la Toscane qu'à l'intégrité des collections pontificales, n'hésita pas à faire cadeau à son hôte d'« anticaglie » formant la cargaison de quatre vaisseaux; parmi elles se trouvait probablement le groupe d'*Antée*[1].

---

[1] Michaelis, *Geschichte des Statuenhofes im Vaticanischen Belvedere*, p. 39-40. — « Quando venne a Roma il gran duca Cosimo, fece diligenza di vedere molte cose, che a quel tempo vi si trovavano; e vedendo il suddetto Pasquino, lo comprò

Au transport de ces sculptures se rattachent une série de documents publiés par Gaye et qu'il importe de mettre en lumière.[1]

Le transport et l'installation de la colonne de granit offerte par le pape à Cosme (1561) donnèrent lieu à des difficultés matérielles sans nombre; ce monolithe ne put être érigé sur la place de la Trinité qu'en 1565[2].

Le pape fit en outre don à Cosme d'un fragment de colonne de porphyre qui se trouvait dans sa villa de Montecavallo[3].

En 1563, nouvel envoi d'« anticaglie » destinées au palais Pitti[4].

L'année 1565 est marquée par l'acquisition de la célèbre statue de bronze connue sous le nom de l'*Orateur étrusque*[5].

En 1565, Angelo Cesi envoya de Rome au prince François six antiques, parmi lesquelles un *Marsyas*, analogue à celui du Capitole, et une *Vénus*, réputée fort belle (« tenuta per rara »)[6].

En 1567, Vasari écrivit de Rome au prince François de Médicis pour lui signaler deux statues « tonde di dua Fauni igniudi », que l'on pouvait acquérir au prix de cent écus l'une. Le prince ne prit toutefois pas de résolution immédiate[7].

---

per 500 scudi, e lo condusse a Fiorenza, accompagnandolo con l'altro, che ebbe da Paolo Antonio Soderino, trovato nel Mausoleo d'Augusto. » (Flaminio Vacca, apud Fea, *Miscellanea*, t. I, p. XCIV.)

[1] En 1561 (vieux style?), il est question de l'arrivée à Pise de trois bateaux remplis d'« anticaglie ». (Gaye, t. III, p. 43-44.)

[2] « Il duca Cosimo ne levò una gran colonna di granito, e l'ha condotta in Firenze sopra la piazza della SS. Trinità, dirizzata con una Vittoria di porfido in memoria della vittoria ottenuta contro Pietro Strozzi; et in quel luogo gli fù data la nuova. » (Fl. Vacca, apud Fea, *Miscellanea*, t. I, p. LXV.)

[3] Gaye, *Carteggio*, t. III, p. 60, 62, 110, 112, 113, 115, 124, 336.

[4] *Ibid.*, p. 194 (1565).

[5] *Ibid.*, p. 110-111.

[6] Voir la lettre de Vasari (qui appelle la statue un *Scipion*), apud Gaye, *Carteggio*, t. III, p. 228 (1566).

[7] Gaye, *Carteggio*, t. III, p. 218.

En 1569-1570, le cardinal Ricci de Montepulciano envoya au duc une série d'antiques, entre autres une *Diane*[1].

En 1570, Antonio Soderini fit don à Cosme du groupe d'*Ajax et Achille*, aujourd'hui exposé au palais Pitti (Dütschke, t. II, n° 47).

L'*Hercule* du palais Pitti (Dütschke, t. II, n° 36), trouvé à Rome entre les années 1540 et 1574, fut acheté par Cosme au prix de huit cents écus.

Enfin d'un marchand de Settignano, fixé à Rome, un certain Vinc. Cioli, Cosme acquit une *Vénus victorieuse*[2].

Vasari, dans la table des matières de sa seconde édition (1568), fournit des renseignements qui ont été omis dans la plupart des éditions postérieures, et qui présentent cependant une réelle importance : je veux parler de la liste des antiques exposées au palais Pitti.

On y voyait, dans des niches :

Vénus sortant du bain (aujourd'hui encore au palais Pitti; Dütschke, t. II, n° 17);

Vénus avec un dauphin sur lequel chevauche un enfant;

Un Adonis;

Un groupe représentant Bacchus ivre et un Faune qui le soutient (n° 208?);

Pomone (n° 74? du catalogue);

Le Mercure provenant du Belvédère de Rome;

Un Milon tenant un vase (peut-être l'*Athlète*, n° 59);

Cupidon bandant l'arc;

Un Faune, une main appuyée sur le flanc, l'autre sur un bâton;

---

[1] Gaye, *Carteggio*, t. III, p. 238-239. — [2] Dütschke, t. II, p. XI-XIV.

Une seconde Vénus, presque semblable à la première (la Vénus sortant du bain? la Vénus au dauphin?);

A ces statues, placées dans des niches, faisaient suite un certain nombre de sculptures placées au-dessus des portes :

Un Ganymède;
Un Tireur d'épine;
Deux Enfants tenant un canard.

Les sculptures ci-dessous étaient placées sur le sol :

Hercule avec les pommes des Hespérides;
Un Personnage vêtu d'un manteau royal;
Une Femme assise remettant sa chaussure;
Une Diane accompagnée d'un léopard;
Un Enfant endormi, symbolisant le Sommeil;
Un autre Enfant également endormi;
Une épreuve moderne en bronze de Mercure;
Le Sanglier (Dütschke, n° 55);
Les deux Chiens corses (les Molosses);
Deux bustes de Pyrrhus et de Domitien;
Deux bustes de Jupiter et d'Apollon;
Hercule étouffant Antée.

La série des statues exposées au palais Pitti était complétée par les bronzes, les médailles, les miniatures, etc. conservés dans le cabinet de travail (« scrittojo ») du prince[1].

On voit dans quelle proportion énorme Cosme Ier, pendant ce règne de trente-sept ans (1537-1574), accrut les séries commencées par les Médicis du xve siècle. Il y ajouta, entre

---

[1] «...lo scrittoio del duca Cosimo; dove egli ha tutte le antichità di bronzo di figure piccole, medaglie et altre pitture rare di mini, tenuto da sua Eccellenzia Illustrissima per cosa rara, come è veramente.» (Vasari, éd. Milanesi, t. IV, p. 177.)

autres, les trois plus beaux bronzes de Florence, la *Chimère*, l'*Orateur* et la *Pallas*.

V

FRANÇOIS Ier (1574-1587).

Ce que Cosme avait si brillamment commencé, son fils François le mena à fin avec une rare persévérance. C'est à lui que nous devons l'installation d'une partie des collections dans le palais des Offices, et notamment l'organisation de la fameuse rotonde connue sous le nom de Tribune. Le développement donné au médaillier, d'innombrables commandes d'ouvrages en pierres dures, en porcelaine[1], en tapisserie, en mosaïque, l'acquisition de plusieurs séries importantes de statues antiques, assignent à ce prince un rang des plus enviables parmi les bienfaiteurs des musées florentins.

Alors qu'il n'était encore qu'héritier présomptif, François Ier avait déjà acquis un assez grand nombre de marbres. Il avait reçu de Pie V les vingt-six statues provenant du musée du Belvédère; il était également entré en possession, en 1560, de trente et une statues lors du partage de la succession de l'évêque de Pavie[2].

En 1574, l'inventaire de la garde-robe grand-ducale enregistre l'entrée d'une petite tête en marbre passant pour représenter *Vespasien*, puis, immédiatement après, d'une tête en marbre de *Sénèque*, d'une tête d'*Antonin*, en marbre blanc, d'une autre de *Faustine*, d'une Vénus en pied, en marbre blanc, de grandeur nature, d'une tête de *Jules César*. En 1575, s'ajoutent

---

[1] Voir Davillier, *Les Porcelaines des Médicis*.
[2] Pelli, t. I, p. 156. — Dütschke, t. II, p. xiv-xv. — Michaelis, *Geschichte des Statuenhofes im Vaticanischen Belvedere*, p. 43-44, 65-66.

à ces morceaux : une tête de *Diane* en marbre blanc, un « gallo » en marbre, de grandeur nature; en 1578, une statuette en marbre d'*Hercule*.

De 1571 à 1588, les inventaires mentionnent l'acquisition d'une longue série de bronzes, mais, parmi eux, un seul est spécialement désigné comme antique : c'est un « lioncino di metallo antico », du poids de deux livres huit onces, fourni par M. Jacopo Zucchi, peintre. Citons également un « sole di metallo antico ».

En 1576, Nicolas Audebert d'Orléans décrit comme suit les richesses du palais Pitti : « Est puis à veoir le palais de Pithi, fort grand et ample, mais non encores achevé, dedans lequel y a plusieurs belles salles et chambres toutes garnyes, où se voient plusieurs excellentes tables, tableaux, statues antiques de marbre et aultres choses rares et belle marquetterie, et en la cour est dressée une statue de marbre d'un Hercules et à costé est le pourtraict au vif de la mulle de Pithi[1]. » Quant à la *Chimère* de bronze, elle était exposée dans une des salles du Palais vieux.

En 1579, le célèbre sculpteur douaisien Jean Bologne fut envoyé à Rome pour faire l'acquisition de diverses statues antiques [2].

Quelques années plus tard, en 1584, le cardinal Cesi fit don au grand-duc de trois statues antiques, à choisir dans sa collection [3].

[1] Voir de Nolhac, *Nicolas Audebert, archéologue orléanais*, p. 9 ; Paris, 1887 (extr. de la *Revue archéologique*).

[2] « Archivio Mediceo, Carteggio di Francesco I, filza 67. » Cf. Desjardins et Foucques de Vagnonville, *La vie et l'œuvre de Jean Bologne*, p. 34.

[3] « Archivio Mediceo, Carteggio de' Cardinali, filza 34 ». — *Id.*, Carteggio di Roma, 2ᵉ num., filza 24. — Minute del gran duca Francesco Iº : filze 126, 130. » (Desjardins, *La vie et l'œuvre de Jean Bologne*, p. 41-42.)

VI

FERDINAND Ier (1587-1609).

Ferdinand Ier, qui succéda en 1587 à François Ier, ne laissa pas péricliter l'œuvre grandiose entreprise par son frère et son père.

Le journal tenu de 1587 à 1591 par le conservateur de la garde-robe nous apprend combien de sculptures nouvelles enrichirent pendant cet intervalle les collections florentines.

Outre un certain nombre de marbres ou de bronzes dont l'origine n'est pas indiquée, on y relève les morceaux suivants : quatre petites têtes en marbre venues en 1589 de Livourne (par conséquent de Rome), trois «quadri» (bas-reliefs?) en marbre blanc venus de Rome, trois médaillons «aovati» (mot à mot «ovales»), cinq «tondi» en marbre blanc et noir, une tête de porphyre avec le buste, tous expédiés de Rome, deux têtes en marbre d'*Auguste* et de *Livie*, un «quadro d'un epitafio di alabastro», deux pilastres de marbre avec des trophées, expédiés de Rome par Marenzio, huit têtes de marbre ayant la même provenance, une plaque de marbre blanc ornée de deux têtes en bas-relief, une *Vénus* en marbre expédiée de Rome par Marenzio en 1589, deux «puttini» en marbre, et enfin une tête en marbre de *Brutus* provenant de la succession de Diomède Lioni (1590).

En 1591, le musée des Offices comprenait environ quatre-vingts statues en marbre et en bronze, exposées les unes dans la tribune, les autres dans le corridor de l'est[1].

---

[1] Bocchi, *Le Bellezze di Firenze*, p. 100. Cf. Dütschke, t. II, p. xviii.

En 1595, Jean Bologne fut chargé de restaurer un buste d'*Alexandre le Grand mourant*, provenant de Rome[1].

En 1600, l'inventaire de la galerie mentionne 29 inscriptions [2], 98 statues et 144 bustes (y compris les modernes). C'était certainement le musée le plus considérable de l'Italie après celui du Vatican. Si les Médicis s'étaient laissé distancer par les papes pour les œuvres monumentales, ils l'emportaient incontestablement sur eux par la richesse de leur médaillier, de leurs séries de pierres gravées, de vases, de bronzes, pour ne point parler de leurs incomparables collections d'œuvres du moyen âge et de la Renaissance.

---

[1] « Nel 1595, a di 18 di dicembre, gli si consegna dalla Guardaroba di Corte, perchè la restauri e la ponga sopra statua, una testa antica in marmo, poco più che al naturale, rappresentante Alessandro Magno morente, quella testa proveniva da Roma. » (Archives d'État de Florence, filza 187, n° 14.)

[2] Une note dont je suis redevable à l'obligeance de mon confrère M. Héron de Villefosse nous fournit, sur les accroissements ultérieurs de la série épigraphique, les détails suivants : « Un médecin pisan, nommé Giovanni Pagni, qui se trouvait à Tunis pendant les années 1666 et 1667 pour soigner un grand personnage du pays, rechercha avec ardeur les inscriptions romaines, et, par l'ordre du cardinal Léopold de Médicis, en apporta environ vingt-cinq à Florence, où elles sont encore conservées au musée des Offices. Ces textes, qui proviennent pour la plupart de Tunis ou des environs, ont été publiés dès l'année 1668 par Falconieri (*Inscriptiones athleticae*), reproduites en 1685 par Spon (*Miscellanea eruditae antiquitatis*) et en 1726 par Gori (*Inscript. Etruriae*). Cosme III envoya en Afrique un autre Pisan, Giov. Antonio Corazza, avec la mission de recueillir des antiquités pour les collections des Médicis. (Gori, *Inscript. Etruriae*, t. III, p 121.) Corazza ne s'acquitta pas de cette mission ; il se contenta de copier un certain nombre d'inscriptions. (Cf. *Corpus inscript. Latin.*, vol. VIII, p. xiv, p. vi et vii.)

VII

LA VILLA MÉDICIS.

Quelques services que Ferdinand Ier ait rendus aux musées florentins, c'est par la grandiose fondation de sa villa du Pincio, la villa Médicis, qu'il s'est surtout immortalisé.

Quoiqu'un petit nombre de sculptures seulement ait quitté la villa romaine pendant le xvie siècle pour émigrer à Florence, il importe de dire un mot ici de cette collection sans rivale, formée tout entière sous les trois premiers grands-ducs, et qui se rattache si intimement aux efforts poursuivis dans la capitale même de la Toscane.

Dès 1560, le cardinal Ferdinand acquit vingt-huit statues provenant de la succession de l'évêque de Pavie. En 1569, Lafreri, dans ses *Illustrium imagines*, signale les antiques exposées dans le jardin de la villa Médicis : « in hortis cardinalis de Medicis prope villam Julii ». Plus tard, le *Rémouleur*, les *Niobides*, le *Groupe des Lutteurs* (1583), s'ajoutèrent à ce premier noyau, ainsi que sept statues plus grandes que nature, parmi lesquelles un *Apollon*, qui furent cédées au cardinal par Leone Strozzi [1].

En 1584, la villa reçut un accroissement magnifique, grâce à l'acquisition des collections Capranica et della Valle, payées 15,564 ducats [2]. La collection Capranica fournit de 140 à 150 pièces; celle des della Valle, de 35 à 40.

---

[1] Pelli, t. I, p. 156. — Dütschke, t. II, p. xv, xvii, xviii; t. III, p. 259.

[2] (Fiorelli) *Documenti inediti per servire alla storia dei Musei d'Italia*, t. IV, p. iv et suiv. — Dütschke, t. III, p. xviii. — Un autre inventaire des collections Capranica et della Valle, avec les prix, a été publié par M. Gotti (*La Gallerie di Firenze*, p. 305-315). Sur les collections des della Valle, voir le mémoire de M. Michaelis, *Römische Skizzenbücher nordischer Künstler* (*Jahrbuch des K. deutschen archäologischen Instituts*, 1891; fasc. ii du tirage à part et *passim*), et celui de M. Geffroy, *L'Album*

Giuseppe della Porta, de son côté, vendit au cardinal Ferdinand une tête de *Polyphème* (?), un *Neptune*, un *Cupidon* et un buste de *Vespasien*[1].

Diverses autres acquisitions sont mentionnées par un sculpteur du temps, Flaminio Vacca, dont je reproduis en note le témoignage[2].

On pouvait croire que le cardinal Ferdinand, une fois monté sur le trône de la Toscane, enrichirait sa capitale des dépouilles de la villa Médicis. Il n'en fut rien : à un petit nombre d'exceptions près, il laissa intactes ces inappréciables séries.

Ses successeurs, au contraire, considérèrent la villa comme un dépôt de recrutement pour les collections florentines : les sculptures les plus précieuses, le *Rémouleur*, les *Lutteurs*, les *Niobides* et tant d'autres émigrèrent des bords du Tibre sur ceux de l'Arno. Ce drainage se poursuivit jusqu'à la fin du siècle dernier[3].

de Pierre Jacques de Reims. *Dessins inédits d'après les Marbres antiques conservés à Rome au XVIe siècle*, p. 21 et suiv. Rome, 1890.

[1] Bertolotti, *Archivio storico lombardo*, 1876, t. III, p. 270.

[2] « Nel monte di S. Maria Maggiore verso la Suburra facendovi cavare il sig. Leone Strozzi, vi trovò sette statue due volte maggiori del naturale, le quali furono date in dono a Ferdinando gran duca di Toscana, a quel tempo cardinale in Roma. La più bella di esse era un Apollo, che, restauratoglisi da me, fu collocato nell' ingresso del suo palazzo alla Trinità de' Monti nel primo piano delle scale a lumaca. » — « Passato ponte Sisto, verso Trastevere, dove è la chiesa di S. Gio. della Malva, mi ricordo vi fu trovato un piatto circa venti palmi di larghezza, molto bello, di marmo bigio africano. Ferdinando granduca di Toscana, in quel tempo cardinale in Roma, lo comprò, e lo condusse nel suo giardino alla Trinità sopra il Monte Pincio : e perchè era grosso di fondo : misi in considerazione al cardinale, che ne segasse due tondi; e così fece, e sono ancora in detto giardino : cosa bella per la sua grandezza. » (Apud Fea, *Miscellanea*, t. I, p. LXXIII et LXXV.) — Laurent Schrader de Halberstadt, qui publia en 1592 ses *Monumentorum Italiae... libri quatuor*, mentionne, comme conservée à la villa Médicis (p. 217), cette inscription :

In horto card : Medices.
Et bellum pacemque gero, mox protinus anni
Te duce venturi fatorum arcana recludam.

[3] (Fiorelli) *Documenti inediti per servire alla storia dei Musei d'Italia*, t. IV, p. 77-81.

LES COLLECTIONS D'ANTIQUES DES MÉDICIS.

Une gravure publiée à Rome, au début du xviie siècle, par Jo. Jacomo Rossi[1], nous fait connaître l'aménagement du jardin de la villa et de ses marbres à cette époque.

Sur la façade de la villa étaient placées trente-quatre statues antiques, dont quatre, celles du bas, en porphyre.

La fontaine était ornée du *Mercure* en bronze (n° 2).

A gauche, se trouvait une galerie contenant vingt-quatre statues; sur chaque niche était placé un buste (n° 3).

Sur les côtés de la fontaine étaient installés deux grands sarcophages («pili») ovales.

Vers la droite, en regardant la villa, dans un parterre, se trouvait une fontaine en mosaïque (n° 65).

Vers la gauche, dans une des allées, s'élevait l'obélisque qui fut transporté en 1790 à Florence, au jardin Boboli, où il se trouve encore[2].

L'extrémité droite du jardin était occupée par les *Niobides* et le cheval qui se cabre (n° 8).

Du côté opposé, on voyait une fontaine à gradins, reliée à l'«Aqua vergine» (n° 9).

Enfin, un édicule situé sur le mur extérieur contenait une statue (couchée) de *Cléopâtre* (n° 10)[3].

---

[1] Reproduite dans la *Villa Médicis à Rome*, de Baltard, pl. 3 (Paris, 1847).

[2] Cet obélisque, ainsi que les parterres avoisinants, est gravé dans les *Ornamenti di Fabriche antichi et moderni dell'alma città di Roma con le sue dicharatione fatti da Bartolommeo Rossi fiorentino* (Rome, 1600). La légende est ainsi conçue : «Nel girardino del ser^{mo} Gran Duca di Toscana si vede il presente obelisco, il quale si crede che sia uno de' 42 minori che si trovavano in Campo Marzo venuti del l'Egitto.»

[3] Une mauvaise gravure de Girolamo Frige (École des Beaux-Arts, n° 521, pl. 56) reproduit, en l'altérant, la gravure ci-dessus mentionnée. Une autre gravure, dédiée par Dominicus Butius à Georges Fugger, représente le même monument; mais la reproduction des sculptures du jardin est remplacée par des chiffres renvoyant à la légende gravée au bas de l'estampe. «Disegno e sito del suntuoso Giardino e Palazzo adornato con diverse statue antiche del ser^{mo} Gran Duca di Toscana

L'histoire des sculptures conservées à la villa Médicis offre un intérêt tout spécial pour notre pays : d'un côté, parce que la France est devenue propriétaire des statues ou bas-reliefs, fort nombreux encore (plus de soixante-dix statues, bas-reliefs, sarcophages, etc.), qui ornent la villa [1]; de l'autre, parce que plusieurs marbres conquis par le cardinal de Médicis ont trouvé un asile à Paris.

On ignore généralement que trois des plus belles antiques de la villa Médicis font, depuis un demi-siècle (1841), la gloire de notre École des Beaux-Arts. C'est à Ingres, alors directeur de l'Académie de France à Rome, que notre pays est redevable de ces trois insignes monuments de la statuaire grecque : le torse de *Minerve*, que les meilleurs juges considèrent comme contemporain des sculptures du Parthénon et comme se rapprochant le plus de la *Parthénos* de Phidias [2], le torse de *Vénus* et le torse de *Mars*.

M. Paul Flandrin, qui se trouvait à Rome à cette époque,

nel Monte Pincio. » Une vue peinte de la villa, par Gasp. degli Occhiali, se trouve au musée des Offices, salle n° XVI. (Desjardins, p. 64.) En 1638, un de nos compatriotes, Fr. Perrier, reproduisait un grand nombre de statues de la villa Médicis (pl. 50, 57-60, 78-79, 81-83, 87, etc.) dans son recueil intitulé : *Icones et Segmenta nobilium signorum et statuarum quae Romae extant*. (Voir aussi l'édition de 1645.) Cet ouvrage a été réimprimé il y a quelques années sous le titre : *Cent Statues dessinées et gravées à Rome en 1638*, par F.-B. Perrier (Paris, Morel). Mais les tables qui indiquent où se trouvent les statues ont été omises, et F. Perrier Burgundus, traduit par F.-B. Perrier !

[1] Le catalogue des marbres actuelle-

ment conservés à la Villa a été publié par MM. Matz et Duhn : *Antike Bildwerke in Rom*. Voir la table, t. III, p. 322-323, Leipzig, 1881-1882. Dans son ouvrage intitulé *Delle Pietre antiche*, Corsi a catalogué les quelques marbres de couleur, des colonnes principalement, qui ornent la villa. On peut très commodément étudier les sculptures aujourd'hui incrustées sur la façade dans une planche de l'ouvrage de Strack : *Baudenkmaeler Roms des XV-XIX Jahrhunderts* (pl. 70).

[2] Le « torso Medici » a été publié en photogravure par M. Furtwängler dans ses *Meisterwerke der griechischen Plastik* (pl. 11), Leipzig, 1893. Voir aussi l'article que j'ai consacré à ce morceau dans la *Gazette des beaux-arts*, 1890, t. I, p. 280.

et que j'ai consulté à ce sujet, croit se rappeler que les torses de *Vénus* et de *Mars* ornaient le « bosco », dans le voisinage du jardin réservé du directeur. Quant à l'emplacement occupé par la *Minerve*, M. Flandrin ne se le rappelle pas; mais je suis en mesure de combler cette lacune, grâce à une communication de M. Guillaume, directeur de l'Académie de France à Rome : la *Minerve* n'est autre que la statue (complétée par une tête casquée, en plâtre) exposée sur un socle, à gauche dans l'avenue qui conduit au « bosco » (planche XIV de l'ouvrage de Baltard[1]).

D'après une communication dont je suis redevable à l'obligeance de M. Michon, attaché à la conservation des musées nationaux, le Louvre s'est également enrichi de plusieurs marbres provenant de la villa Médicis et envoyés à Paris par Horace Vernet[2].

Le torse de femme venu de Rome, ajoute M. Michon, est le n° 466 du catalogue Fröhner, superbe torse de *Rome*, de dimensions colossales. Il est aujourd'hui placé à l'extrémité de la galerie Mollien, au pied de l'escalier, à gauche, faisant face au n° 574.

---

[1] Dans la gravure de Dominicus Bulius, une statue de *Pallas* (n° 41) est indiquée comme se trouvant vers la gauche du jardin, contre le « bosco ».

[2] « Inventaire de Louis-Philippe :
« Année 1834 :
« N° 358. Vasque en marbre pavonazzetto; H. 3,35; L. 1,38.
« N° 359. Apollon, torse antique en marbre; H. 1,23; L. 0,60.
« N° 360. Torse antique de femme drapée; H. 1,72; L. 0,85. »
(Envoyés de l'École de France à Rome par Horace Vernet en octobre 1834.)

M. Michon ajoute que la vasque a dû être envoyée dans quelque résidence, car on n'en a pas connaissance au Louvre. Quant aux deux torses, ils figurent l'un et l'autre dans le catalogue de M. Fröhner (n°ˢ 216 et 574), mais l'une et l'autre indication sont erronées. Le *Dionysos* n° 216, indiqué comme étant le torse d'homme envoyé par Horace Vernet, a en réalité été trouvé en Cyrénaïque et rapporté par Vattier de Bourville. En ce qui concerne le torse appelé « Déesse matronale » (574), on en ignore la provenance, mais il ne vient pas davantage d'Horace Vernet.

Il est difficile, en revanche, de dire jusqu'à nouvel ordre quel est, parmi les innombrables torses d'*Apollon* ou de *Dionysos* conservés au Louvre (les deux divinités ayant pu être confondues), le torse envoyé par Horace Vernet [1].

Ainsi les ardents efforts des Médicis du xvie siècle ont profité non seulement à l'Italie, mais encore à la France, à laquelle tant de liens rattachaient cette famille illustre.

On peut affirmer que l'histoire de la villa Médicis, tant au point de vue du monument [2] qu'au point de vue des collections, est encore toute à faire.

Peut-être l'Académie me permettra-t-elle de formuler ici un vœu : c'est que l'un des membres de notre École française de Rome porte ses recherches sur l'ensemble magnifique que la France possède dans la Ville éternelle.

VIII

LA « VÉNUS DE MÉDICIS ».

Je terminerai cet essai par des recherches sur l'histoire de plusieurs sculptures célèbres faisant partie, dès le xvie siècle, des collections des Médicis.

---

[1] Le Louvre possède encore deux petits bustes de *Satyre* et de *Pan*, en marbre jaune, avec la pupille des yeux colorée en noir, qui lui ont été envoyés de Rome le 3 pluviôse an ix, mais rien ne prouve qu'ils proviennent de la villa Médicis. (Communication de M. Michon.)

[2] Je n'oublie pas l'ouvrage de Baltard : l'histoire de la construction y est à peine esquissée. Un volume de l'« Archivio mediceo » (Miscellanea I, filza 69) contient l'inventaire du mobilier du palais et du jardin de la Trinité-du-Mont (22 juin 1598). Voir Desjardins, *Jean Bologne*, p. 63.

L'inventaire de la villa Médicis à la fin du xviiie siècle a été publié par M. Fiorelli (*Documenti inediti per servire alla storia dei Musei d'Italia*, t. IV, p. 77 à 81).

L'histoire de la *Vénus de Médicis* est des plus obscures. M. Dütschke (n° 548) ne se prononce pas sur sa provenance. Il y a quelques années, M. Michaelis, dans un travail des plus ingénieux, a repris l'hypothèse de Pelli[1], qui voyait dans le marbre de la Tribune une des sculptures acquises en 1584 des héritiers des della Valle par le cardinal de Médicis, au prix de deux cent cinquante ducats[2]. Remontant ensuite plus haut que Pelli, le savant archéologue allemand opinait pour l'identité de la *Vénus de Médicis* avec la Vénus exposée en 1513 devant le palais della Valle, à l'occasion du « possesso » de Léon X.

Ce qui semble corroborer cette conjecture, c'est qu'une statue analogue à la *Vénus* se trouvait à la villa Médicis jusque vers le milieu du XVIIe siècle[3].

Nous savons d'autre part que dès le commencement du XIVe siècle, dans la chaire de la cathédrale pisane (1302-1311), Jean de Pise sculptait une figure dans une attitude de tout point semblable à celle de la *Vénus de Médicis*[4]. En outre, un auteur de la fin du XIVe siècle, Benvenuto Rambaldi d'Imola, décrivait comme se trouvant à Florence, chez un particulier, une statue de Vénus nue, d'une beauté merveilleuse, cachant de la main gauche la partie inférieure du corps et voilant le sein de la droite[5].

---

[1] *Saggio istorico della Real Galleria di Firenze*, t. I, p. 159 et suiv., t. II, p. 90 et suiv.

[2] *Kunstchronik*, 13 mars 1890, p. 297-301.

[3] Voir la gravure (en contre-partie) de Perrier (pl. 81). D'après Baltard, la *Vénus de Médicis* fut envoyée de Rome à Florence en 1665 (*La Villa Médicis*, p. 8).

[4] Gravée dans mon *Histoire de l'art pendant la Renaissance*, t. I, p. 225.

[5] « Io poi vidi in Fiorenza ed in casa privata una statua maravigliosamente bella di Venere, ornata come in antico : nuda teneva la sinistra mano piegata, coprendo le parti del pudore, e coll' altra più alzata copriva il seno. » (Voigt, *Die Wiederbelebung des classischen Alterthums*; édit. de 1880, t. I, p. 380. Cf. Tiraboschi, *Storia della Letteratura italiana*, t. V, p. 745; *Les Précurseurs de la Renaissance*, p. 17, 141.)

Enfin, d'après une note dont je suis redevable à l'obligeance de M. Michaelis, feu Julien Meyer, ancien directeur de la galerie de peintures de Berlin, a relevé la ressemblance entre la Vénus de Botticelli, dans le tableau du musée des Offices (exécuté vers 1480), et la *Vénus de Médicis*. L'attitude des deux figures offre, en effet, de réelles analogies.

Or il existait bien à Florence une Vénus analogue à la *Vénus de Médicis*, la Vénus de la collection de Lorenzo Ghiberti, qui fut un collectionneur ardent en même temps qu'un grand artiste, et cette Vénus, nous pouvons la suivre dans la collection des Gaddi, dans celle du marquis de Sorbello, et enfin dans celle d'un Oddi de Pérouse[1]. Mais c'était un torse, non une statue complète; ce qui exclut toute tentative d'identification avec la Vénus copiée par Jean de Pise et décrite par Rambaldi[2].

---

[1] Voir Vasari (édit. Milanesi, t. II, p. 245). Cf. *Les Précurseurs de la Renaissance*, p. 82. — Une autre statue qui procède de la *Vénus de Médicis* se trouve sur le mausolée d'Andrea Vendramin, dans l'église des Servi, à Venise. (Cicognara, pl. 42.) — D'après Perkins, l'*Ève* de Stoldo Lorenzi, sur la façade de l'église San Celso de Milan, n'est qu'une imitation de la *Vénus de Médicis* (*Les Sculpteurs italiens*, t. I, p. 472).

[2] Ayant soumis mes doutes à M. Michaelis, je reçus de lui une réponse aussi instructive que courtoise, dont voici la substance:

On ne saurait nier, m'écrit M. Michaelis, qu'au XVIe siècle Florence possédât une statue de Vénus du type de la *Vénus de Médicis*... Mais cette statue n'était pas identique à celle qui orne aujourd'hui la Tribune des Offices. Les répliques de la *Vénus de Médicis* étaient des plus nombreuses. (Voir Bernouilli, *Aphrodite*, p. 220 et suiv.) Clarac a publié un certain nombre de Vénus dans l'attitude de la *Vénus de Médicis* avec le dauphin: pl. 606 A, 606 B, 608, 612, 618, 620, 622, 622 B, 623, 626 B, 627, 632, 634 C, 634 D.

A Florence même, les Offices possèdent (Dütschke, n° 108; Clarac, t. IV, pl. 620, n° 1381) un exemplaire qui n'est pas de premier ordre, mais qui est très complet. Cet exemplaire toutefois semble différent de celui qui est mentionné par Rambaldi; nous en avons pour preuve la présence du petit Cupidon qui accompagne la déesse et qui n'est pas indiqué par Rambaldi... M. Michaelis s'élève ensuite, et avec raison, à mon avis, contre l'hypothèse du transport de la *Vénus* de Florence à Rome; ces importations sont, en effet, sans exemple: Rome exportait, mais n'importait pas.

Il y a quelque temps, en examinant dans le recueil de Vasari la liste des antiques exposées au palais Pitti en 1568, je relevai une mention qui offrait pour le débat une importance capitale : « une Vénus avec un dauphin sur lequel chevauche un enfant »[1]. Ne voilà-t-il pas, trait pour trait, la *Vénus de Médicis* ? Ce qui prouve l'estime que l'on faisait dès lors de la statue exposée au palais Pitti, c'est qu'elle figurait parmi les dix statues auxquelles on avait accordé la place d'honneur.

Le texte de Vasari n'a pas échappé à M. Dütschke. Mais, ignorant l'existence à Florence, dès le moyen âge, d'une statue célèbre offrant les plus grandes analogies avec la *Vénus de Médicis*, il n'a pas hésité à appliquer le passage en question à une Vénus assez médiocre, exposée de nos jours dans l'escalier du palais Pitti (t. II, n° 34). Or une comparaison sommaire de cette Vénus avec celle qui a été décrite par Rambaldi et copiée par Jean de Pise ne laisse aucune place au doute : l'original qu'ils avaient sous les yeux était nu; la statue de l'escalier du palais Pitti, au contraire, a les jambes enveloppées d'une draperie, que la main gauche est occupée à soutenir. L'identification proposée par M. Dütschke pourrait tout aussi bien se rapporter à une troisième statue de Vénus mentionnée par Vasari comme analogue à la première : « un altra Venere quasi simile alla prima ».

IX

LA « THUSNELDA » DE LA LOGE DES LANZI.

On a rapporté, en invoquant le témoignage de Flaminio Vacca, que la prétendue *Thusnelda* de la « Loggia dei Lanzi » et

---

[1] En réalité, le dauphin supporte deux enfants, et non pas un seul. Je dois toutefois faire observer que M. Dütschke ne mentionne également qu'un seul enfant.

ses cinq compagnes, ainsi qu'un *Apollon*, furent trouvés à Rome sur la colline de Sainte-Marie-Majeure, du côté de la « Suburra », et données par Leone Strozzi au cardinal Ferdinand de Médicis (voir ci-dessus, p. 109). M. Dütschke affirme, au contraire, en s'appuyant sur le texte d'un inventaire, que cette série est identique à celle qui fut acquise en 1584 avec la collection Capranica [1].

Un recueil qui a échappé au savant archéologue allemand transforme sa conjecture en certitude. Ce recueil, publié par Girolamo Porro [2], reproduit, sous le titre de *Sabines*, comme se trouvant in « aedibus Capranic. » (*sic*), quatre de ces statues, et parmi elles la *Thusnelda* (pl. 47-50). La même planche nous fournit un autre renseignement précieux : elle nous fait connaître l'état de conservation de la statue à cette époque; le marbre était à peu près intact, à l'exception de l'avant-bras de droite, qui manquait.

On a souvent affirmé que la tête de la *Thusnelda* était refaite ou rapportée. Or, du moment que, sur la gravure de 1576, l'avant-bras droit manque encore, il n'y a guère de vraisemblance que l'on ait ajouté la tête. On n'aurait pas hésité, dans ce cas, à refaire également le bras.

Mais nous pouvons poursuivre la *Thusnelda* plus haut encore : le catalogue d'Aldroandi, publié en 1556, mais composé,

---

[1] T. II, p. 254-256. — M. Dütschke ne cite d'autre reproduction que celle de G.-B. de Cavalleriis : *Antiquarum Statuarum urbis Romae... liber*; Rome, 1585, pl. 80. Le catalogue de Friederichs-Wolters (n° 1563) ne contient rien de particulier sur l'histoire de la *Thusnelda*; il rapporte seulement qu'elle fut acquise en 1584 avec la collection Capranica.

[2] *Statue antiche che sono poste in diversi luoghi nella città di Roma, nuovamente stampato in Venetia*; 1576, apresso Girolamo Porro. — Une gravure conservée au Cabinet des estampes (V. X., 40, fol. 385) représente la *Thusnelda* (restaurée) sous le titre de « Veturia Martii Coriolani mater, in hortis Mediceis ».

à ce qu'affirme M. Michaelis, dès 1550, la décrit de la façon la plus claire sous le titre de *Sabine*[1].

La qualification de *Sabines*, donnée aux statues de Prisonnières germaines, s'est conservée jusque vers la fin du XVIe siècle : en 1584 encore, dans l'inventaire de la collection Capranica, elles portent ce nom.

X

LES DEUX « MOLOSSES ».

La plus ancienne mention des deux *Molosses* remonterait, d'après M. Dütschke, à l'année 1588, où l'inventaire de la Garde-robe les signale comme se trouvant dans le corridor de la galerie (nos 49-50). Or, dès 1568, Vasari mentionne ces deux morceaux parmi les sculptures exposées au palais Pitti.

XI

LE « RÉMOULEUR » OU LE « SCYTHE ÉCORCHEUR ».

Un écrivain aussi distingué qu'érudit, Gottfried Kinkel, a émis, il y a un certain nombre d'années, une conjecture des plus originales au sujet de cette statue célèbre : d'après lui, elle serait un ouvrage de la Renaissance, et non un ouvrage antique[2]. Si ce paradoxe n'est pas fait pour nous arrêter, nous n'en devons rechercher qu'avec plus de soin les origines du marbre des Offices.

---

[1] Aldroandi, apud Mauro : *Antichità di Roma*, éd. de 1562, p. 218 : « A man manca si veggono due donne Sabine vestite; tre altre Sabine nel medesimo modo in piè vestite sono in capo della loggia al coperto. Queste Sabine (come s'è anco detto) furono di quelle, che Romolo, e i suoi rapirono, per poter fare de' figli, et aumentare la città di Roma ne' suoi principii. »

[2] *Mosaik zur Kunstgeschichte*, Berlin, 1876.

La plus ancienne mention du *Rémouleur* remonte à 1556 (peut-être même à 1550)[1], époque à laquelle Aldroandi le vit à Rome dans la maison d'un certain Nic. Guisa, où il se trouvait encore en 1562.

Pelli a le premier signalé la lettre par laquelle Cosme donnait l'ordre à Vasari d'acquérir le *Rémouleur* coûte que coûte[2]. (Depuis, le texte de cette lettre a été intégralement publié par Gaye[3].) Les ouvertures de Cosme ne furent toutefois pas accueillies: en 1571, la statue était encore à vendre.

Finalement acquis par le grand-duc Ferdinand (1587-1608), le *Rémouleur* fut placé dans les jardins de sa villa du Pincio. En 1677 seulement, il fut transporté de Rome à Florence.

XII

LE « SACRIFICE DU TAUREAU ».

D'après M. Dütschke, ce bas-relief célèbre (n° 29) aurait été découvert à Rome en 1569, en même temps que les n°[s] 28-35

---

[1] D'après différents auteurs (cf. Friederichs-Wolters, *Die Gipsabgüsse antiker Bildwerke*, p. 527), le *Rémouleur* aurait été découvert antérieurement à 1538. — M. de Pulszki a signalé, mais sans y insister plus qu'il ne convient, l'analogie entre une fresque de la troisième coupole des Loges du Vatican (les fils de Noé agenouillés) et le *Rémouleur*, ainsi qu'entre le *Châtiment de Marsyas*, gravé par le maître au dé (Bartsch, t. XV, p. 206, n° 31), et la même statue. (*Beiträge zu Raphaels Studium der Antike*, p. 37-38.)

[2] *Saggio istorico della Real Galleria di Firenze*, t. I, p. 79. t. II, p. 49-50; voir ci-dessus p. 98.

[3] « A Giorgio Vasari. Rispondendo alla vostra delli 13, ricevuta questo giorno, vi diciamo che siamo resoluti di volere a ogni modo il villano che arrota il coltello, e poi che voi ci dite che il patrono d'esso è resoluto di darlo per ottocento scudi, se non potrete darli meno, pigliatelo a ogni modo, et l'ambasciator et voi domanderete licenza a Sua Santità di cavarlo di Roma et condurlo qua, dicendo che vogliamo venga per terra e non per mare, e perchè voi dite di havere a essere qua presto, non vi diremo altro. State sano. Di Fir. el di 17 di marzo 66. » (Gaye, *Carteggio*, t. III, p. 240-241.)

et 353, et acquis par le cardinal Ricci de Montepulciano pour le compte du duc Cosme Ier. Le savant archéologue allemand est tenté de rattacher à la même trouvaille un bas-relief analogue resté à la villa Médicis. Mais il ajoute immédiatement que ces bas-reliefs, à l'exception du n° 353, ont fait partie jusqu'en 1704 des collections de la villa Médicis et n'ont été expédiés qu'après cette date à Florence [1].

M. de Duhn conteste cette provenance [2]. Il affirme que le bas-relief de Florence était connu dès 1556. En effet, à cette époque, Du Choul a publié la gravure d'un bas-relief analogue à celui de Florence et contenant six figures : au centre, le victimaire levant la hache; à gauche, un jeune homme portant un coffret; vers la droite, au premier plan, l'homme maintenant le taureau. Tous les autres personnages sont debout [3].

Une autre gravure (p. 299) reproduit un bas-relief qui se rapproche encore davantage de celui de Florence. « Sacrifice antique retiré de la colonne de Trajan qui est à Rome », telle est la légende qui accompagne la gravure, mais qui est erronée, car aucun bas-relief de la colonne n'offre le motif du sacrificateur levant la hache [4]. Les acteurs sont également au nombre de six : deux à genoux tiennent le taureau; le victimaire lève la hache; à côté de lui, un autre homme debout; à droite, un enfant tenant une guirlande, puis un homme debout.

Mais n'est-il pas possible de faire remonter plus haut encore l'apparition du bas-relief de Florence?

Depuis longtemps j'avais été frappé de l'analogie entre un

---

[1] T. III, p. xi-xii, 9-11. Le *Sacrifice du taureau*, de la villa Médicis, est gravé dans Perrier : *Icones et Segmenta*; 1645, pl. 48 (en contre-partie).

[2] *Antike Bildwerke in Rom*, t. III, p. 25, n° 3507.

[3] Du Choul, *Discours de la Religion des anciens Romains*; Lyon, 1556, p. 290.

[4] Voir Froehner, pl. 35, 76, 114, 116, 121, 129, 132, 134, etc.

des cartons de tapisseries de Raphaël, le *Sacrifice de Lystra*, et le bas-relief en question. Mais le motif du « Popa » levant la hache et des « victimarii » tenant le taureau par les cornes était assez fréquent pour que l'on hésitât entre les différents monuments dont Raphaël pouvait s'être inspiré. Du Choul, on l'a vu, a reproduit (p. 290 et 299) deux bas-reliefs représentant la scène exactement dans les mêmes données. Un troisième bas-relief de la même catégorie nous est connu par la description de Claude Bellièvre, rédigée en 1513-1514.

Mais le bas-relief décrit par Bellièvre doit être écarté, parce qu'il contenait trois figures de jeunes filles « fistulas pulsantes », et que ces trois figures manquent dans le bas-relief de Florence.

Il faut également écarter le bas-relief de la villa Médicis[1] : s'il contient le motif du victimaire tenant le taureau par les cornes et par le museau, le sacrificateur, par contre, manque.

Revenons aux deux bas-reliefs reproduits par Du Choul.

L'un d'eux, celui de la page 290, diffère par trop de détails du carton de Raphaël pour lui avoir servi de modèle. Notons tout d'abord le geste du « Popa » : ses bras, au lieu d'être étendus, sont mollement ramenés près du corps, et le mouvement manque de toute vivacité, de toute vigueur. En outre, le victimaire, au lieu de tenir le taureau par une des cornes, saisit d'une main sa mâchoire, tandis que l'autre main tient le licol.

Dans la seconde gravure (p. 299), au contraire, je veux dire celle qui reproduit l'original du musée des Offices, le geste du « Popa » et celui du « victimarius » sont absolument

---

[1] *Monuments de l'Institut de correspondance archéologique*, 1881, pl. 36.

identiques au carton de Raphaël; seul le second « victimaire » a disparu, l'artiste du xvi° siècle ayant usé en ceci d'une entière liberté.

Les cartons de Raphaël ont pris naissance en 1514-1515. Le bas-relief du musée des Offices était donc connu à Rome dès cette date.

XIII

LES « NIOBIDES ».

On sait que les *Niobides* furent trouvés en 1583 près du Latran[1]. Les statues, acquises par le cardinal de Médicis, ornèrent sa villa jusqu'en 1775, époque à laquelle elles furent transportées à Florence. Une vieille vue de la villa Médicis les montre exposées dans le jardin, vers la droite.

Dès 1588, les collections florentines s'enrichissaient de quinze moulages reproduisant la suite, devenue si populaire depuis. (Voir ci-après l'inventaire de la Garde-robe médicéenne.)

---

[1] Fl. Vacca, apud Fea, t. I, p. lxxxv. — Dütschke, *Antike Bildwerke in Oberitalien*, t. III.

PIÈCES JUSTIFICATIVES.

I

VASE ANTIQUE TROUVÉ PRÈS DE LUNI EN 1527.

« Nota della cosa trovata et come.

« La cosa fu trovata nel 1527.

« Nel convento de frati di Monte Uliveto, o membro di detti frati nel Isola del Tiro, dove habitò già San Venereo al tempo della città di Luni, in un muro antichissimo di tre braccia in circa di grosseza, che serviva per quello si vede, per romitorio, nel quale rotto, per volervi fare un acquaio, si trovò la cosa quasi allo extremo di detto muro verso la corteccia, fuori del quale è un precipitio grandissimo per rispondere sopra la marina : et la ma(teria) era un bellissimo vaso di marmo fuor della forma de' nostri moderni : et in quello era due medaglie consumate da la ruggine per l'antichità : et ancora vi era un filo d'oro drento, ma coperto di colore biancho, che fu judicato da Federigo de Ricci perfettissimo, et lo volle appresso di se, pagandolo all' amico : nella quale bucha era ancora un fiascho coperto di terra, ma ropieno di certo liquore che pareva olio vechissimo : ma come l'aria pura lo vidde lo ridusse in acqua sottilissima et tanto transparente che pareva uscissi del vetro. Ma la mā (materia?) era in una ampoletta fatta come un vaso all' antica del colore et hodore che tu sai : dipoi è stata messa in uno armario con altre reliquie nel Duomo di Portovenere, serrato con 6 chiave che le tiene, 6 cittadi ni de primi di quel Castello, benissimo guardat senza conoscerlo, etc. Fra Valeriano celleraio nel convento di Portovenere Luchese. »

(Au dos est écrit : « Da Guicciardini ».)

(Archives d'État de Florence; Lettere artistiche, t. I, Inserto n° vii. D'après les transcriptions de MM. Ginanneschi et Alarico Carli.)

II

DÉCOUVERTES DE MÉDAILLES À MAGLIANA, PRÈS DE PISTOJA, EN 1546.

« Ill`mo` et ec`mo` S. et Patrone mio unico.

« Io li mando per al presente 407 medagle delle quali se n'è trovate persino a ora nella grotta di Marliana circa di 300, el restante si sono ricuperate da varie persone che l'avevono trovate alli giorni passati nel medesimo luogo : restacene certe in mano d'un prete e d'altri secondo ch' io intendo, le quali si vedrà d'avere, e come l'altre si manderanno.

« Giovedi arrivai in sul luogo e si dette ordine di cavare per venerdi mattina; e si cominciò drento dall' ent* circa di 6 braccia dove si vedeva ch' erano state trovate l'altre, e nel tirare fuora di quella terra stata cerca da altri se ne trovava qualcuna, e quanto più a drento s'andava, tanto maggore (sic) soma se ne trovava; e seguitando circa di uno B $^o/_2$ in fondo si trovò una materia che ci pareva masso, che il suo principio fussi dalla entrata della caverna e ne venissi alla china e per vedere che cosa era e se sotto vi fussi stato voto se ne fece rompere il meglo che si poteva, dove trovamo che era una materia fra la quale era incorparato dell' ossa, e v'erono serrate di maniera, come l'Ex* V. potrà vedere per certi pezuoli che glene mando, che non si poteva discernere come vi si stessino, e parte perchè non si posso I (sic) avere se non per via di scarpello, e quelle che quivi si veggono secondo il mio animo sono d'un solo homo e molto grande : éssi trovato nel rompere questa cosa che pareva masso dall' uno de' lati un vano amodo d'un pó di volticcuola fatta della medessima materia d'un $^o/_2$ braccio per ogniverso e cavatone certa terra che v'era si trovò dell' altre ossa, fra le quali v'erano quelli che a me paiono denti, che si mandono a l'Ex* V.

« E cosi essendo la cosa dificile al cavare, che non si può fare se non per forza di scarpello e parte perchè vi s'usa diligenzia a causa che se niente vi fussi s'abbia intero, non s'è potuto andare più avanti, ma domatina vi tornerò e vedrò che quanto prima si possa se ne trovi la fine : e mi duole che avanti tal cosa si finisca che V. Ex* non vegga che non dubito punto che la n'arebbe piacere, veggendo in che lato e in che paese si trovono tal cose.

« Ancora cavando più in drento discosto dal primo luogo dove si trovavano le medagle circa di 4 braccia, dove si trovava sassi che parevano di marmo e terra, non s'andò in drento 1° braccio che si cominciò a ritrovare medagle pure sparse fra la terra come l'altre, et quando si fu ito sotto uno altro braccio si restò di trovarne, e si trovò dell' altre ossa della medissima grandeza, ma non già incorporate in altra materia che terra assai umida, e sassi come di marmo, che per ancora similmente di questa non se n'è visto il fine.

« Altro per ancora non vi se visto, ne che vi sia mai stato murato, se non che tutto quello che ne è fatto dalla natura quanto al sito. Trovandovisi altra cosa vi s'userà quella diligenzia sarà possibile e se ne darà aviso all' Ec[a] V., alla quale umilissimamente mi raccomando.

« Di Pistoia, alli xi di Aprile del XLVI.

« Di Ve Illma Ex[a] suo umilissimo servitore.

« Simone LOTTI.

« Allo Illmo et Exc[no] Signore il Duca di Firenze Pad[ne] mio unico. »
(Archives d'État de Florence; Lettre artistiche, t. I, Inserto n° x.)

III

SCULPTURES ANTIQUES DÉCOUVERTES À FLORENCE EN 1567.

« Ricordo come del mese di Febbraio 1567 facendo el fondamento del muro della scala di pietra che è fatta sù la corte, andando sotto b[a] 5 incirca sotto alla finestra ferrata che è in d° muro sù la corte, si trovò una statua di marmo senza capo e braccia e senza una gamba, di due pezzi che si commettono, e 'l torso ignudo, e dalle anguinaia (?) ginocchia in giu involta in panni, che è quella è in detta corte, era a diacere à terra sommessa sopra uno smalto parte coperto di lastre di alabastro per pavimento, era d° smalto di mattone pesto, e poi di ghiaia e calcina e poi di mattone pesto.

« E da 45 anni avanti Gio. Batista mio padre facendo cavare e votare la volta sotto alla sala terrena non molto discosto di dove si trovò questa, trovò un'altra statua grande tutta vestita, senza capo che à quello si vedeva era donna e questo e huomo, la quale statua l'hebbe da lui Francesco da San Gallo. Serva questa memoria à chi resta. » (Memorie di Galeotto di Gio. Batista Cei, copiate dal proprio suo libro che è appresso di me Carlo di Tommaso Strozzi. Bibl. nat. de Florence; Spoglio Strozziano, TT, 1241, XXV. Var. 4, 595 : II, 4, 380, fol. 19.)

IV

CATALOGUE DES SCULPTURES DU PALAIS MÉDICIS À ROME, D'APRÈS ALDROANDI.

« In casa di Madama : presso Agona.

« Nel giardinetto giù del palagio si vede un Bacco ignudo in piè, appoggiato col braccio manco sopra un tronco pieno di uve : ma non ha testa, ne mani.

« Vi è un' altro Bacco pure ignudo assai bello, ma è senza la testa e le braccia : vi è un tronco con uve, e con un serpe avvolto; e seco un' altra statua piu piccola ignuda senza testa, ne braccia, e senza una gamba : tutti d'un marmo stesso.

« Vi è una donna ignuda da le coscie in su; ma senza testa ne braccia.

« Vi è una Venere ignuda assisa, e chinata giu in atto, che pare che si cuopra dinanzi con le mani; ma non ha ne le mani, ne la testa.

« Vi è una bellissima statua sopra la base del marmo istesso, con un' atto di gambe sforzato; ma le mancano le braccia, e la testa.

« Vi sono sei torsi antichi, cinque ignudi, uno togato.

« Vi è una donna con veste fino a ginocchi di mezo rilevo : ha seco un putto, che è senza testa e braccia.

« Vi è una donna, che sta inginocchiata : ha i capelli lunghi; et il capo appoggiato su la man manca, mostrando mestitia.

« Vi è un Curiatio ignudo, e steso in terra, et con la ferita nel lato manco; ma non ha la testa.

« Vi sono molti altri frammenti; fra i quali vi è un piè di Colosso di marmo rubicondo.

« Dentro un' altro giardinetto poi si veggono attaccati al marmo [muro] gli altri due Curiatij morti, posti di mezo rilevo; e sono nel luogo, dove gia furono le Terme d'Alessandro, come vi si veggono i vestigi; et è presso S. Luigi. I tre Curiatij furono tre fratelli Albani, che combatterono con li tre Oratij Romani per l'imp. delle patrie loro, e furono vinti e morti, et lasciarono soggetta la loro patria a' Romani. » (Mauro, *Antichità di Roma*, 1562, p. 181-183.)

V

EXTRAITS DE LA CHRONIQUE DE VARCHI
RELATIFS AUX COLLECTIONS DE LORENZINO DE MÉDICIS ET D'ALEXANDRE DE MÉDICIS.

« In questo tempo medesimo incorse nella disgrazia del Papa, e nell' odio di tutto 'l popolo Romano per questa cagione : trovandosi una mattina nell' arco di Gostantino, e in altri luoghi di Roma molte figure antiche senza le loro teste, Clemente montò in tanta collera, che commandò (non pensando, che fosse stato egli) che chiunche fosse colui, che tagliate l'avesse, eccettuato solo il cardinal de' Medici, dovesse esser subitamente senz' altro processo appiccato per la gola; il quale cardinale andò a accusare al papa Lorenzo come giovane, e desideroso, secondo il costume de' loro maggiori, di cotali anticaglie, e con gran fatica potè raffrenar l'ira sua, chiamandolo l'infamia, e 'l vituperio della casa de' Medici. S'ebbe nondimeno à partir di Roma Lorenzo, ed ebbe due bandi pubblici, uno dai Caporioni, che non potesse stare in Roma mai più, l'altro dal Senatore, che chiunche l'uccidesse in Roma, non solo non dovesse esser punito, ma premiato; e messer Francesco Maria Molza, uomo di grand' eloquenza e giudicio nelle lettere Greche, Latine e Toscane, gli fece un' orazion contra dell' accademia Romana, trafiggendolo latinamente quanto seppe e potette il più. » (Varchi, *Storia Fiorentina*, éd. de 1804, t. V, p. 266-267.) Nibby (*Roma nell' anno 1838*, parte antica) a essayé de justifier Lorenzino; mais le témoignage de Varchi est formel.

« Prese Sifonte per ragione dell' antifato (che così chiamano essi la contraddote), in nome di Madama Margherita il possesso di tutti i beni così mobili, come immobili, i quali erano stati del duca Alessandro; i mobili furono molti d'ogni ragione, e tra i più rari e preziosi due rarissimi, e preziosissimi, la tazza ovvero vaso d'agata, ed il sigillo di Nerone, e tutti se ne gli portò seco, benchè il signore Alessandro n'ebbe la parte sua; in qualunque modo egli cavò di Firenze tra gioie e danari, ed altre robe di valsuta un tesoro incredibile. » (Varchi, *Storia Fiorentina*, éd. de 1804, t. V, p. 374.) On trouvera dans mes *Précurseurs de la Renaissance* (p. 191-192), d'après les notes communiquées par M. Courajod, la liste des camées et médailles qui, du cabinet des Médicis, sont entrés au musée de Naples.

« A Lorenzo fu sacheggiata la casa, che tra gioie, argenti, et altri mobili fu il sacco di 20 milla scudi, et di poi gli hanno fatto a detta casa una strada pe 'lmezzo, che passa dalla banda di là, et intitolatala la strada del traditore, hannoli dato bando, hannoli messo taglia, e dipintolo in la fortezza « Tamquam Proditor », come se pensassero, che queste basse vendette fusino per diminuire in parte alcuna la gloria di quel Giovine tanto valoroso. » (Lettre de 1537, dans les *Lettere di Principi*, t. III, fol. 166 v°.)

« Intesasi questa deliberazione per Firenze a un tratto per tutto, fu salutato come principe da infinita moltitudine di cittadini con grandissima frequenza, ma con quell' allegrezza, che mostravano i soldati, i quali subitamente per ordine segreto del signore Alessandro, secondochè confessarono poi essi medesimi, corsero alla casa del signor Cosimo, e seguitandogli alcuni plebei, quali secondo il consueto gridavano palle, palle, e duca, duca, la saccheggiarono insieme con quella di Lorenzo tutta quanta, portandosene insino agli aguti, senzachè la madre, e i parenti, e gli amici potessono nè colle buone nè colle cattive, ora pregando, ed or minacciando, raffrenargli in parte alcuna. Erano in queste due antichissime e ricchissime case, oltra una gran moltitudine di rarissimi libri in penna, così Greci, come Latini, e un numero grandissimo di statue antiche, parte di marmo e parte di bronzo, tanti mobili, e così preziosi, che la valuta loro ascendeva a un prezzo, che non si sarebbe così agevolmente potuto stimare, e tutte le migliori cose, come si vide allora, e come s'intese poi, furono portate, qual palesemente e qual di nascoso, in casa il signor Alessandro. » (Varchi, *Storia Fiorentina*, éd. de 1804, t. V, p. 295-296.)

VI
INVENTAIRES DE LA GARDE-ROBE DES MÉDICIS [1].

INVENTARIO GENERALE DELLA GUARDAROBA DI S. E. DAL 1553 AL 1568.
N° 30.

(Fol. xxviii.)

ENTRATA.

ANTICAGLIE DI BRONZO E DI TERRA.

1553.

Sei vasi di terra antichi tra quali sono due lucernette — n° 6 [2].
Uno vaso di terra cotta antico con 2 manichi.
Tre vasetti di terra neri l'uno con 2 manichi.
Tre coccie di terra rosse antiche l'una senza manico.
Tre tazze di terra nera l'una con dua manichi.
Tre vasetti di terra nera antichi col manico.
Otto lucernine di terra antiche.
Una cocchetta di terra rossa antica.
Uno fiasco di mastico in una cassetta.
Una maschera di bronzo antica.
Uno *Centauro* piccolo di bronzo.
Una statua di *Minerva* [3] di bronzo di br. $2\frac{1}{2}$.
Una tavola di bronzo di basso rilievo con più figure et cavalli di br. 1 alta br. $\frac{3}{4}$.
Tre teste di bronzo antiche.

---

[1] Comme le texte de nos inventaires est souvent trop laconique pour qu'il soit possible de deviner s'il s'agit d'œuvres antiques ou bien d'œuvres modernes, j'ai cru convenable de reproduire ces documents in extenso.

[2] Le copiste a chaque fois marqué en chiffres, à la fin du paragraphe, le nombre des objets. Nous laissons de côté cette mention, qui n'offre aucune espèce d'intérêt.

[3] La *Minerve* découverte en 1541 à Arezzo.

Uno *Ignudo della paura* con la basa [1].
Uno cavallo di bronzo alto br. $\frac{2}{3}$, el ritratto di quello di san Janni in Campidoglio con figura suvvi [2].
Tre figure di metallo di $\frac{1}{7}$ b°, cioe *Venere, Cleopatra* et *Leda*.
Uno *Hercole* di bronzo dorato.
Uno torso di bronzo ritratto da uno *Fiume* di Michelagnolo.
Uno *Mercurio* piccolo di bronzo sopra un balaustro antico in trian(go)lo.
Uno *Mercurio* di metallo di $\frac{1}{4}$ mancali el b° manco.
Una femminetta di metallo antica con una foglia in capo sur uno balaustro in triangolo.
Una figuretta di metallo antica a sedere sur uno guanciale.
Tre figurine antiche in uno mazzo che le 2 portano uno morto.
Uno *Bacco* antico di $\frac{1}{4}$ di metallo senza mane.
Otto figurine di metallo antiche di $\frac{1}{8}$, che v'è una femmina senza testa, l'altra di piu varie sorte.
Uno torsetto di metallo antico piccolissimo.
Uno cavallino antico di metallo in basa quadra.
Tre teste piccole antiche di metallo l'una di basso rilievo.
Uno cane di metallo in aovato di $\frac{1}{3}$ b°.
Uno bambino di stagno piccolissimo mancali una gamba.
Dua serpe et dua ramarri di metallo in uno gruppo.
Dua mascherine piccole, l'una di metallo, l'altra di bronzo.
Tre pezzi di metallo, 2 vanghegge (?) et uno martello antichi.
Una mano di metallo antica con uno piccone in pugno.
Uno coperchio di uno vaso antico di metallo.
Uno vasetto di metallo a guisa di copetta.
Una chiavetta di metallo antica.

---

[1] « Un gnudo di bronzo di tutto rilievo tondo, d'altezza di braccia 3/4 in circha, vochato lo Gnudo della paura » (estimé 6 florins), figure dans l'inventaire de Laurent le Magnifique (*Les Collections des Médicis au xve siècle*, p. 79). — D'après M. Umberto Rossi, l'« Ignudo della paura » ne serait autre que le *Marsyas* de Pollajuolo, du Musée national de Florence (réplique au Musée de Cluny). (*Archivio storico dell'Arte*, 1893, p. 18.) Cette statuette n'est que la répétition d'un morceau antique, comme l'a prouvé Alfred Darcel (*Chronique de l'Art*, 1889, p. 5. Cf. *Gazette des Beaux-Arts*, 1894, t. I, p. 181).

[2] La statue équestre de Marc-Aurèle, exposée sur la place du Capitole.

Uno anitrino di metallo antico.
Uno *Gladiatore* di metallo di $\frac{2}{3}$ antico.
Uno *Ignudo della paura*[1] formato dal antico.
Uno torso col capo de *Hercole* formato dal antico.
Uno *Laoconte* del Sansovino formato dal antico.
Uno torso di metallo antico con la gamba manca.
Dua figurette antiche di $\frac{1}{3}$ con la vernice verde.
Uno torso di bronzo antico di br. $\frac{1}{4}$.
Dua figurette piccole di metallo, l'una senza testa.
Una maschera antica di bronzo di br. $\frac{1}{4}$.
Una testa d'una femmina di bronzo guasta el naso.
Uno *Aristotele* di basso rilievo formato dal antico.
Tre cavallini di metallo piccolissimi.
Una lucerna di bronzo antica.
Dua figurette di metallo antiche, l'una grande di uno braccio in circa, senza braccia et la gamba dritta, l'altra di $\frac{1}{3}$ da cavalcare.
Sei medaglie di bronzo antiche con cerchi d'ebano.

Addì 18 di maggio 1555.

Dal Ill.mo et E.mo sig.r Duca e per S. E.a dalla Camera fiscale :
Uno profummier di terra nera antico rotto al gior.le a (carta) 8.
Da S. E.a addì 27 di maggio 1556 dua vasi di terra nera antichi di b° $\frac{1}{3}$. l'uno; tiene dua teste nel corpo et per lei dal Vesc° di Pavia, al gior.le a 42.
Da S. E.a addì 18 d'ottobre 1556 dua lastre nere dentro le quale è la forma di uno pesce secco : Recò Felice barbiere al gior.le a 36.
Da S. E.a addì 13 di marzo. Una mezzinina di rame antica rotta, trovata a Casoli, al gior.le a 84.

USCITA.

Allo Ill.mo et ecl.mo s.or Duca addi 13 di giugno 1559. L'enfraschritte figure che qui sotto si dirà quale sono ite nel suo scrittoio come al giornā (*sic*) appare per un ricordo.
Uno torso con capo d'*Hercole* di bronzo dal antico.
Un *Laoconte* del Sansovino di bronzo dal antico.
Dua figurette antiche con vernice verde di bronzo.

---

[1] Voir ci-dessus, p. 131, note 1.

Un *Aristotele* di basso rilievo di bronzo.
Una maschera di bronzo antica.
Uno *Centauro* di bronzo piccolo.
Una statua di *Minerva* di brac^{cia} 2 $\frac{1}{2}$ di bronzo.
Una tavola di bronzo di basso rilievo con più figure et cavalli di brac^{cia} 1 $\frac{1}{3}$ alta $\frac{3}{4}$.
Tre teste di bronzo antiche.
Un cavallo di bronzo alto brac^{cia} $\frac{1}{3}$ el ritratto di q^{llo} di s^{to} Gio : in Campidoglio con figure suvi [1].
Tre figure di metallo, cioè *Venere*, *Cleopatra* et *Leda*.
Un *Ercole* di bronzo dorato.
Un torso di bronzo ritratto da un *Fiume* di mano di Michelagnolo.
Un *Mercurio* piccolo di bronzo sopra un balaustro antico in triangolo.
Un *Mercurio* di metallo d'un $\frac{5}{4}$, mancagli il braccio manco.
Una feminetta di metallo antica con una foglia in capo sopra un balaustro in triangolo.
Una figuretta di metallo antica a sedere sur un guanciale.
Tre figurine antice (*sic*) in un mazzo, che le 2 portono uno morto.
Uno *Bacco* antico di brac^{cio} $\frac{1}{2}$ di metallo sanza mane.
Otto figure di metallo antiche, che ven' è una femmina sanza testa et l'altre di più sorte.
Uno torsetto di metallo antico piccolissimo.
Un cavallino antico di metallo in basa quadra.
Tre teste antiche piccole di metallo, l'una di basso rilievo.
Un cane di metallo in aovato di brac^{cia} $\frac{1}{3}$.
Un bambino di stagno piccolissimo, manco una gamba.
Dua maschere piccole, una di metallo et l'altra di bronzo.
Tre pezzi di metallo, 2 vangheggie et un martello antici.
Un coperchio d'un vaso antico di metallo.
Un vasetto di metallo a guisa di copetta.
Una chiavetta di metallo antica.
Uno anitrino di metallo antico.
Uno *Gladiatore* di metallo antico.
Un torso di metallo antico con la gamba manca.

[1] Voir la note 2 de la page 131.

Una maschera antica di bronzo.
Dua *Gnudi della Paura*[1] con la basa.
Un torso di bronzo antico di brac^{cia} $\frac{1}{4}$.
Una testa d'una femmina di bronzo guasto il naso.
Tre cavallini di metallo piccolissimi.
Una lucerna di bronzo antica.
Dua figurette di metallo antiche, una grande di brac^{cia} 1 in circa sanza braccia e la gamba destra et l'altra $\frac{1}{3}$ da cavalcare.
Sei medaglie di bronzo antiche coi cerchi d'ebano.
Dua figurette di metallo, l'una senza testa.
In tutto capi 69 in detto scrittoio di S. E. S. come di sopra si dice. Anzi sono capi 71.

(Fol. xxxviiii.)

ENTRATA.

FIGURE, RITRATTI E ALTRE COSE DI METALLO.

Una testa grande di S. E. di metallo tocca d'oro.
Una fontana di rame lavorata tocca d'oro.
Cinque campanuzzi di metallo.
Dua Puttini di metallo con uno candeliere in mano.
Uno quadro di metallo di basso rilievo tocco d'oro con *Cristo in croce* di bracc^{ci} 1 $\frac{1}{4}$ alto.
Dua teste di metallo di *Lor Ecc*^{tie} di $\frac{1}{2}$ brac^{cio}.
Uno quadro di metallo con *Cristo in croce* di basso rilievo.
Una testa di metallo di m^e *Ginevra donna di Pier Francesco de Medici*.
Una *Venere* di metallo di $\frac{1}{3}$ brac^{cio} del Bandinello.
Uno *Hercole* di metallo con 3 pomi in mano del detto.
Una figura simile con pelle di becco in mano del detto.
Uno *Ercole scoppia Antheo* di metallo moderno di $\frac{1}{2}$ brac^{cio}.
Dua *Satiri* di bronzo moderni che servono a candelieri.
Una testa di cavallo moderna di $\frac{1}{4}$ brac^{cio}.
Un mortaietto di bronzo sul carro.
Dua bassi rilievi di piombo in una scatola.
Ventisette medaglie di bronzo in uno sacchetto.

---

[1] Voir ci-dessus, p. 131, note 1.

Otto medaglie d'argento.
Tre vasi di metallo lavorati alla dommaschina con lor manichi e boccucci.
Uno vaso simile a guisa di caraffa.
Dua Profummieri di metallo simile.
Una campana senza battaglio di $\frac{1}{2}$ brac^{cio}.
Una torciera di metallo intagliata di brac^{cia} 2 $\frac{1}{3}$ in circa.
Quattro candelieri di getto di metallo da tavola.
Una torciera di metallo semplice.
Uno campanuzzo simile.

Addì 18 di maggio 1555.

Dall' Illmo et Ecc^{mo} sig^r Duca et per S. E^{cia} dalla Cam^{ra} fiscale dua medagline d'*Aristotele*, l'una d'oro, l'altra d'argento, in 2 scatolini et una medagliaccia di ottone, recò m. Franc° Vintha come al giornale a 8.

Da S. E. addì 4 di giugno 1556. Uno *Orfeo* di metallo non finito alto brac^{cia} $\frac{1}{2}$, recò m. Stefano cam^{re}: Al giornale a 43.

Da S. E. addì 12 di luglio. Uno *Hercole* di metallo di mano del Bandinello di brac^{cia} $\frac{2}{3}$, recò detto: Al giornale a 57.

(Fol. XLII.)

USCITA.

FIGURE, RITRATTI E ALTRE COSE DI METALLO.

All' Illmo et Ecc^{mo} sig^{or} Duca addì 28 di xbre 1554 et per St Ecc^{za} a Franc° di S. Jac° Proveditore del castello di Firenze si consegnò sette campanuzzi di metallo, una campana di $\frac{1}{2}$ brac^{io} et 46 palle di più sorte d'artiglieria, portò Raffaello dellavachio con ordine di S. E. Come al q^{mo} in foglio a 10, 11, 12.

A S. E.^{a} addì 10 di luglio 1554 et di suo ordine al Principe nostro si dette 72 medaglie di metallo ordinarie et 9 medaglie di argento, in tutto medaglie 81, et 6 medaglie di metallo antiche di più imperatori con cerchi d'ebano, portò detto. Come al q$^{.o}$ a 30.

A S. Ecc^{za} addì 20 di giugno 1555 e per lei a Giov^{ni} Giandonati Prov^{re} d'Arezzo si dette 20 medaglie di metallo con la testa di S. E^{czia} e 'l capricorno per metter ne fondamenti delle fortificatione. Come al gior^{le} a 12.

A S. Ecc^{za} Illma sino addì 8 di maggio dua medagline d'*Aristotele* in due scatolini, l'una d'oro, l'altra d'argento. Al gior^{le} a 8.

A S. Ecc^{za} addì 7 di luglio e per lei a Benvenuto Cellini una testa grande di S. E^{za} di bronzo tocca d'oro con ordine della sig^a Duchessa [1]. Al gior^{le} a 8.

A S. Ecc^{za} addì 8 di mazzo 1557 XX medaglie di metallo con la testa di S. Ecc^{za} el capricorno et per lei date al Prov^{re} di Castello per la muraglia della Pineta. Al gior^{le} a 120.

(Fol. XLV.)

ENTRATA.

STATUE, TESTE E FIGURE DI MARMO.

Uno *Bacco* di marmo grande del Bandinello.
Uno *Bacco* minore del Sansovino.
Uno *Bacco* piccolo antico a sedere in sua basa.
Uno *Cupido* piccolo antico a giacere che dorme.
Uno *David* imperfetto del Bonarroti di brac^{cia} 2.
Uno dito di marmo antico d'una mano.
Uno *Appio* cieco. ⎫
Uno *Antonino pio*. ⎬ Antichi col busto.
Dua *Bruti*. ⎭
Uno Agnello pasquale di marmo.
Uno Puttino di marmo antico.
Uno *Santo Bastiano* moderno.
Tre figurette di marmo rovinate, che ve uno *Priapo*.
Una testa col busto di *Piero de Medici*.
Una testa cioè la faccia d'un colosso antico.
Dua maschere grande antiche.
Dua maschere grande simile, l'una guasta al viso.
Una *Nostra Donna* di mezzo rilievo di $\frac{1}{2}$ brac^{cio} con ornamento di legno nero et coperta di vell^{to} pag^{zn}.
Una *Nostra Donna* di basso rilievo di $\frac{1}{2}$ brac^{cio} con tabernaculo di legno dipinto e tocco d'oro.
Una *Nostra Donna* in $\frac{1}{2}$ tondo di basso rilievo di uno brac^{cio}.
Una *Nostra Donna* in quadro di legno dorato di brac^{cia} 1 $\frac{1}{2}$.
Uno ottangulo di marmo con suo piè di noce.

---

[1] C'est le buste aujourd'hui exposé au Musée national de Florence.

Uno *Ganimede* antico con l'aquila a piè.
Dua putti antichi che reggano uno trofeo.
Dua piè di marmo antichi.
Un pezzo d'uno braccio antico di Gigante.
Dua pezzi di pietra con impronta d'un pesce.
Uno quadro di più figure di $\frac{1}{2}$ rilievo di Donatello.
Uno quadro di *Santo Girolamo* di basso rilievo.
Uno quadretto antico di *Julio Cesar* di basso rilievo.
Uno aovato antico di *Julio C.* piccolo.
Una testa di basso rilievo.
Una testa col busto di *S. E.* del Bandinello.
Uno sepulcro di brac^{cia} $\frac{1}{2}$ antico intagliato.
Dua stinchi di marmo di uno putto.
Nove teste di marmo antiche tra le quali è Julio Cesare.
Ventisei teste di marmo antiche senza busto.
Tre torsi di marmo antichi con le teste.
Una testa di basso rilievo in quadretto di noce.
Tre teste di marmo antiche grande trovate nell' Elba.
Tre teste di marmo antiche l'una n^a (nera).
Una testa di basso rilievo del Duca.
Una testa di basso rilievo con cerchio di noce.
Tre teste antiche di marmo l'una grande.
Una testa di marmo nero $\frac{1}{2}$ rilievo con elmetto.
Uno torso di un Giovane di marmo.
Dua teste piccole antiche.
Una testa in tondo $\frac{1}{2}$ rilievo.
Una testa di un putto ricciuto.
Una testa senza naso.
Una testa antica con acconciatura da donna.
Una testa con barba antica senza naso.
Una testa con barba lunga.
Un torso di un putto.
Una testa di basso rilievo in tondo.
Uno torso d'un putto antico di brac^{cia} $\frac{2}{3}$.
Una testa di un puttino antica.
Una testolina antica di uno *Bruto*.

Uno torso antico di femmina di brac^{cia} 1 ½.
Tre testoline di marmo, l'una con la barba.
Sei torsetti di marmo antichi.
Una *Venere* di marmo con lettere etrusche di brac^{cia} ⅔.
Una urna di marmo con le *Syrene*.
Uno vaso di marmo nero con coperchio.
Uno vaso di marmo con due manichi e coperchio.

Dall' Illmo et Ecc^{mo} sig^{or} Duca addì 30 di genn^{io} 1553 e per S. E. dall' Arcivescovo di Pisa in dono dua teste, l'una col busto di *Carlo Magno*, l'altra senza è di donna. Al q^{to} a 3.

Da S. E^{za} addì 31 di marzo 1554 e per lei dal detto Arcivescovo uno *Appoline* di brac^{cia} 2 in circa senza testa antico. Al q^{to} a 4.

Da S. Ec^{za} addì 9 di luglio 1556 dua teste antiche di marmo senza il busto, recò Piero manuale. Al gior^{le} a 57.

(Fol. XLVIII.)

USCITA.

STATUE, TESTE ET FIGURE DI MARMO.

Al Illmo et Ec^{mo} sig^{or} Duca addì 16 di marzo 1553 e per S. Ec^{za} alla sig^{a} Duchessa nostra. Un *Apolline* di marmo antico di brac^{cia} 1 ½, disse per mandare alla Grotta de Pitti, levò el caval^{re} Bandinello. Come al q^{to} a 22.

A S. Ecc^{za} addì 18 di febb^{io} 1554 e per lei alla sig^{a} duch^{sa} uno *Apolline* di marmo simile senza testa per la grotta detta, conseg^{to} al Bandinello. Al q^{ro} a 43.

A S. Ecc^{za} addì 13 di giugno 1559 messe nello scrittoio una *Venere* o vero *Minerva*, come al g^{le} 13, d'altezza di brac^{cia} ⅔, con lettere etruscque.

A detta addì detto uno torso d'un putto antico come di sopra d'altezza di brac^{cia} ⅔. Come al g^{le} 13.

A detta addì detto uno dito d'una mano antica messo come di sopra. Come al g^{le} 13.

A detta addì detto 2 *Nostre Donne* di basso rilievo messe come di sopra.

A detta addì detto 2 *Ceseri* di basso rilievo consegnate come di sopra.

A detta addì detto una testa anzi un torso d'un putto antico in detto scrittoio.

A detta addì detto una testa d'un putto antica messa come di sopra.

A detta addì detto una testolina d'un putto messa come di sopra.

(Fol. L.)

ENTRATA.

FIGURE E RITRATTI DI GESSO.

Una testa col busto di *Papa Leone X*.
Una testa di *Lorenzo Vecchio*.
Una figura nera di donna a diacere di terra.
Uno canino di legno ingessato.
Una figurina di legno ingessata che cava la spina[1].
Una *Nostra Donna* di gesso con ornamento dorato.
Una figurina a cavallo di stucco sopra la basa.
Uno modello di stucco del *Gigante* di Michelagnolo.
Uno puttino di gesso l'effige (*sic*) di *Cristo Nostro Signore*.
Una figuretta di terra cotta con palla sotto il piè.
Uno modello di stucco d'un *Apostolo*.
Una *Carità* di terra cotta in color di metallo.
Dua quadri di *Battaglie* di terra dorati di $\frac{1}{2}$ rilievo.
Uno quadretto di terra *Cosimo Vecchio*.
Una testa col busto di gesso *Lorenzo Vecchio*.
Una testa col busto simile *Lorenzo Tornabuoni*.
Una testa simile armata del *Moro duca di Milano*.
Uno *Hercole e Caccho* di stucco rosso.
Una testa di terra cotta.
Una testa col busto di M^{na} *d'Imola*.
Una testa con elmetto di $\frac{1}{2}$ rilievo.
Uno torso d'una femina di terra.
Una testa di tegola piccola di basso rilievo.
Una figurina di bossolo.
Tre teste di cera in tre scatolini, 2 di *S. Ecc*^{tia}, l'una del *sig*^{or} *Giovanni* di basso rilievo.
Una testa di gesso della sig^{ra} *Bianca*.
Dua mezzi tondi di *Nostra Donna* di gesso.

[1] Le *Tireur d'épine*?

ENTRATA.

PITTURE E QUADRI DI VARIE SORTE.

Un quadro di *Nostra Donna* con ornamento dorato del Pontolmo.
Uno quadro il *Deposito della croce* con ornamento intagliato.
Uno tondo di *Nostra Donna* con festoni dorati.
Uno quadro in tela di *Santo Giovanni* con telaio dorato.
Uno quadretto de *Santo Bastiano*.
Uno ritratto grande in tela del *Viceré di Napoli*.
Dua quadri di *Nostra Donna* antichi con festoni dorati l'uno.
Uno quadro con *Leone X et due cardinali* ed ornamento dorato.
Uno quadro con la *Venere e Cupido* del Pontolmo con ornamento di noce e cortina di seta verde.
Uno quadro el *Noli me tangere* del Venetiano con ornamento di noce e cortina di seta pagonazzo vecchio.
Uno quadro in tela di *Julio III* semplice.
Uno ritratto di *Carlo V* in tela intero.
Uno ritratto del *Principe di Spagna* di tela intero.
Dua quadri semplici delle *Lor Ecc*[tie].
Dua quadri di *Nostra Donna* grandi con ornamento, l'uno dorato, l'altro di tiglio, d'Andrea del Sarto.
Uno quadro con *Clemente VII, Ippolito et Alessandro Duca* con ornamento di noce intagliato.
Uno ritratto di S. Ecc[tia] di età di xII anni con ornamento di noce.
Uno quadretto di *Don Gratia di Toledo* semplice.
Uno ritratto di una *Franzese* col ciapperone con ornamento semplice.
Uno quadro di una *Donna alla portughese* con ornamento.
Uno quadro grande el sig[o] *Gio: de Medici* armato.
Uno quadro di *Nostra Donna* con ornam[to] dorato del Bronzino.
Uno quadro di *Nostra Donna* antica con la colomba sopra.
Uno quadro d'una *Cortigiana* con uno puttino ornato di tiglio.
Uno ritratto del sig[e] *Pavolo Giordano* in tela alto 3 braccia.
Uno *Santo Giovanni* grande in tela con ornamento tocco d'oro.
Uno quadro di S. Ecc[tia] con ornamento di noce intagliato cortina di seta verde.

Uno quadro grande el *Rapto di Ganimede* con la *Rotta di Monte Murlo* con ornamento di noce intagliato, cortina di seta verde [1].
Uno ritratto del *Duca Lorenzo* vestito alla franzese con ornamento.
Uno quadretto in tela di *Cosimo Vecchio* con ornamento.
Uno quadretto in tela di *Piero de Medici* con cornice d'albero.
Uno quadretto d'un *Duca di Milano* con veste piena di gigli.
Uno quadretto del sig^{or} *Giovanni de Medici* con ornamento di noce.
Uno ritratto di *Bacco* in tela di brac^{cia} 3 col barile a bocca.
Uno ritratto in tela del *Cardinale de Medici* vestito all' Ungheresca con ornamento di tiglio [2].
Uno ritratto della sig^{ra} *Bia. de Medici* con ornamento dorato.
Uno ritratto grande della sig^e *Duchessa col Principe*.
Uno ritratto del *Figliuolo del Duca d'Alva* semplice.
Uno ritratto di *Pietro Aretino* in tela con ornamento di noce.
Uno ritratto di *Malatesta* in tela con ornamento di noce.
Uno quadro di *Nostra Donna* con ornamento di noce.
Uno quadro con una *Furia infernale del Vinci* [3] semplice.
Uno quadretto di *Piero di Cosimo* con cortina di seta gialla.
Uno quadretto del sig^e *Giovanni del Salviati* ed ornamento di noce.
Uno quadretto di *Filippo Hispano* con cornice dorata.
Uno quadretto di *Messer Carlo de Medici* proposto di Prato.
Uno quadro di *Giovanni Bicci de Medici* semplice.
Uno quadro di *Cosimo Vecchio* semplice del Fiamingo.
Uno quadro di *Carlo V* con ornamento di noce e cortina di seta.
Uno quadretto di *M^{na} Anfolsina* con ornamento dorato.
Uno quadretto di *M^{na} Lucretia di Piero de Medici* con ornamento.
Uno mezzo tondo di *Gio : Bicci de Medici* con cornice dorata.
Uno quadretto del nostro sig^e *Don Giovanni*.
Due quadri di *Santo Cosimo e Santo Giovanni* del Bronzino.
Uno quadro di *Lorenzo Vecchio*.
Uno quadro del *Cardinale de Medici*.
Uno quadretto in carta pecora di *Giuliano di Piero*.

---

[1] Voir sur ce tableau mon *Histoire de l'Art pendant la Renaissance*, t. III, p. 118-119.

[2] Peut-être le portrait peint par le Titien, aujourd'hui conservé au palais Pitti.

[3] La *Méduse*, conservée au musée des Offices.

Tre quadretti con la *sig^{ra}* donna *Maria*, *sig^{er} Principe* et *sig^{or} Don Gratia* nostro, del Bronzino.

Dua quadri con dua *Poeti* greci.

Uno quadretto imperfetto del *Deposito di croce*.

Nove quadretti in stagno a guisa di spera, di *Cosimo*, *Lorenzo*, *Giuliano*, *Lione*, *Clemente*, *el Duca Lorenzo*, *Don Francesco*, *Donna Maria* e *Don Gratia*.

Tre quadretti di minio di Don Giulio a guisa di spera, l'uno de' *Magi* in ebano, li altri in noce, uno *Crocifisso* et una *Pietà*.

Dua ritratti in tela *Papa Pavolo* e 'l *Card^{le} di Ravenna*.

Uno quadro di *Nostra Donna* con *Santo Agostino*.

Uno ritratto di *Baccio Valori* in una lastra.

Dall' Illmo et Ecc^{mo} sig^{or} Duca addì 30 di xbre 1553. Uno quadro di *Santo Giovanni* di mano d'Andrea del Sarto con suo ornamento dorato, portò Gio : Maria Benintendi. Al. q^{no} a 2.

Da S. Ecc^{tia} addì 15 di settembre 1554. Dua quadri di brac^{cio}, l'uno di Frate *Bernardino* a guisa di spera, l'altro in tela della *Regina d'Inghilterra* et per S. Ecc^{tia} dalla sig^{a} Duchessa. Al q^{no} a 4.

Dall' Illmo et Ecc^{mo} signor Duca addì 19 d'ottobre 1555 uno ritratto in tela d'una dama et per S. Ecc^{tia} da Lattantio Gorini. Al gior^{le} a 23.

Da S. E^{tia} addì 6 di luglio 1556 uno ritratto in tela del *Duca Sforza di Milano*, recò Giulio ragazzo di camera. Al gior^{le} a 57.

Da S. E^{tia} addì 25 detto, uno cartone dipinto dal Bachiacca di una *Pescagione* per tesser, dua libri di ritratti di varii pesci et animali, et dua fogli grandi con 2 pesci et 2 animali ritratti, recò tutto Francesco Bachiacca pittore. A gior^{le} a 58.

Da S. E^{tia} addì 26 detto, uno quadretto di ½ braccio del ritratto della testa di *Dante* et per lei dal Carota in dono. A 61.

Da detta et per lei dal Bronzino pittore addì 6 di giugno 1559 2 ritratti del s^{or} *Don Ernando*, l'uno di braccia ⅔ et l'altro piccolo con ornamento a uso di spera, come al gior^{le} a 10.

USCITA.

PITTURE ET QUADRO DI VARIE SORTE.

Al Illmo et E^{ccmo} sig^{or} Duca addì 25 di novembre 1553 e per S^a Ecc^{tia} a Luca Martini a Pisa. Uno quadro di *Nostra Donna* con ornamento dorato del Bronzino nuovo. Al gior^{le} a 4.

A S. Ecc^tia addì 10 di mazzo 1554 et per lei con ordine della sig^a Duchessa al sig^or Giovan Lopes. Un quadro di b° del *Vicere di Napoli* in dono. Al gior^le a 43.

A S^a Ecc^tia addì 22 d'aprile 1555 et per lei con ordine della sig^or Duchessa a don Hernando de Sylva. Uno quadro di minio di Don Julio de *Tre Magi* in cassa d'ebano a guisa di spera, disse per el re d'Inghilterra. Come al gior^le a 3.

A S^a Ecc^tia addì 2 di maggio 1555 e per lei con ordine della sig^a Duchessa al Principe nostro. Uno quadro d'una *Nostra Donna fiaminga* in tela con ornamento di noce. Al gior^le a 4.

A S^a Ecc^tia addì 23 di gennaro. Uno quadretto di minio di una *Pietà* di mano di don Giulio in ornamento di noce a guisa di spera e per lei alla sig^ra Duchessa, portò M. Thommaso de Medici, disse per mandare alla Duchessa d'Alva alla Spetia. Al gior^le a 34.

A S. Ecc^tia addì 10 di maggio 1557. Uno quadro di brac^cia uno con ritratto della *Sig^a Duchessa* et per lei di commissione di S. Ecc^tia dato a Vasches. Al gior^le a 91.

A S. Ecc^tia addì 24 d'agosto. Uno quadro grande di *Nostra Donna* di mano del Pont' olmo con ornamento dorato et per lei dato di commissione della Duc^a a Don Giovanni de Figaroa per portare a Milano. Al gior^le a 100.

A S. Ecc^tia addì 6 di giugno 1559. Uno ritratto piccolo dello Illmo Sor *Don Ernando* nostro consegnato per ordine della Illma S^ra Duchessa per salvarlo. Come al gior^le a 10.

INVENTARIO GENERALE DELLA GUARDAROBA
DELL' ILL^mo E REV^mo CARD^le FERDINANDO DEI MEDICI,
POI GRANDUCA DI TOSCANA, DAL 1571 AL 1588. N° 79.

Fol. 25.

ENTRATA.

CAMEI D'OGNI SORTE.

Dodici teste d'*Imperadori* di camei avuti da M. Giovambattista Pandoni depositario del Monte di Roma. Consegnò Usimbardo Usimbardi in una cassettina d'ebano addì 12 d'ottobre 1576, come al gior^le seg^to A.

Un cameo grande dentrovi ritratto il *Re Filippo*, la testa e parte del busto con ornamento d'¹⁰ smaltato con una aquila sopra ed una palla e una maschera di sotto avuto da S. S. Illma e fatto guarnire d'oro da M. Lionardo Fiamingo, che pesò l'ornamento; 65, a dì 9 di giugno 1584. Q^no 5 a 221.

CAMEI D'OGNI SORTE.

USCITA.

Dodici teste d'*Imperadori* in camei avuti S. S. Illmo, portò M. Usimbardo Usimbardi in una cassettina d'ebano, disse per mandarli a Firenze d'ordine del sig^e Maiordomo Monsig^e Sanghalletti a di 12 d'ottobre 1576. Al gior^le a 186.

Fol. 33.

STATUE E FIGURE DI MARMO DI PIÙ SORTE.

ENTRATA.

Quattro teste di marmo. Allo inventario originala a 1°.
Tre busti di marmo. Al detto inventario a 1°.
Una *Venere* di marmo d'altezza braccio.
Una *Madonna* di marmo in una cassa di legno rozza d'altezza di braccio.
Uno *Baccho* di marmo alto brac^cia 1 2/3 in circha fattoci m° Antonio da Bargha, sino addì...
Uno *Crocifisso* d'avorio o alabastro di brac^cia 1 in circa con croce d'ebano fattoci M. Pietro da Bargha scultore di S. Ecc^za addì 27 di aprile 1571, come al gior^le a 54.
Una testa di marmo piccola per (sic) di *Vespasiano*. Auta da M. Paulo Banchelli. Addì 6 di maggio 1574, come al gior^le a 64.
Una testa antica di marmo bianco di *Seneca*. Alquanto rotta. Auta da M. Alfonso Archetti per le mane di messer Diomede Lioni addì 4 di febraro, come al gior^le a 93.
Una testa antica di *Pripide* (Euripide?) di marmo nero con sua base, auta M. Giulio Gualtieri per le mani del detto. Addì detto, come al gior^le a 93.
Una testa di marmo bianco d'*Antonino*, con suo busto di marmo mistio, auta dal detto per le mane del detto messer Diomede. Addì detto, al gior^le a 93.
Una testa di marmo bianco di *Faustina* con suo busto di marmo mistio auta dal detto per le mane del detto. Addì 4 di febraro, come al gior^le a 93.

Una figura di marmo bianco di *Venere* grande al naturale intera, auta dal detto per le mane di M⁰. S. Ghaliberto. Addì detto. Al detto a 93.

Una testa di marmo bianco di *Julio Cesare* con suo busto e base auta da..... Masini. Addì 28 di aprile 1574. Come disse M. Bartolomeo Gugni.

Una testa di marmo bianco d'una *Diana* con la sua basa compera dal sig⁵ D. Giovanni Ricci con altre robe a dì 6 di febb⁰ 1575, come al gior¹ᵉ a 144.

Un *Gallo* di marmo grande al naturale avuto di camera di S. S. Illma.

Una statua di marmo d'uno *Ercole*, piccola, alta palmi 4 in circa, avuta di camera di S. S. Illma a dì 24 di settembre 1878. Al gior¹ᵉ A a 287.

Una statua di marmo di..... piccola alta $\frac{1}{7}$ 4 in circa avuta di camera di S. S. Illma a di detto. Al gior¹ᵉ A a 287.

Sedici teste parte si credono di gesso el resto marmo sopra porte del palazzo di S. S. Illma in Firenze, consegnatocele in d⁰ luogho M. Luvigi Pitti agente del sig. Pagolo Giordano in dì 23 d'ottobre 1576, come per invent⁰ in filza d'inventario e conti n° 31 per le partite datone M. Parugio Giandonati. A n° 31 a 4.

Una statua di marmo grande detta *Laoconte co' figli* consegnatocela nel palazzo di S. S. Illma detto M. Luvigi come sopra. In detta filza a n° 31 a 4.

Fol. 34.

Una statua grande di marmo detta *Orfeo col Can Cerbero*, nel cortile del palazzo di S. S. Illma in Firenze, in detto luogo, aopera la sua basa M. Luvigi Pitti, agente dell' Illmo sig. Pagolo Giordano, per inventario e partite in filza d'inventario e conti a n° 31 a 4.

Tre teste di marmo con busti, che una d'un *Cesere* e dua di *Giulia di Tito*, avute da M. Filippo Fiorelli per mano di M. Guglielmo Gherardini a di 27 d'aprile 1518, al gior¹ᵉ G a 295.

Dua *Canini* piccoli di marmo, un bianco e un lionato, sopra base di marmo bianco e nero, avuti da S. S. Illma a dì 6 di febbraio 1583, al gior¹ᵉ a 26.

Una testa con poco di petto di marmo d'una *Pantasilea*, manco del naturale, con elmetto in testa, e dua *Ipogrifi* per cimiero con piè di marmo mistio, alta tutta palmi 2 $\frac{2}{3}$, avuta da S. S. Illma a di 26 di luglio, al gior¹ᵉ a 99.

Una statua d'una *Venere* nuda di marmo, maggior del naturale, ritta con un Cupido a piè, compera dal Cardinale Colonna, senza testa e senza braccia con una gamba sola, fatta restaurare a M° Silla, scultore, che gli à messo una testa antica e fattoli di nuovo le altre membra, a dì 12 di marzo 1584, al gior[le] a 212.

Due teste di marmo avute da S. S. Illma a dì 21 di novembre 1586, gior[le] a 297.

Un *Cupido* di marmo a giacere, lungo palmi 2 ⅔ in circa, avuto da S. S. Illma a di 23 d'aprile 1586, come al gior[le] a 214.

Uno putto di marmo che piange con un canino in braccio, comperò insieme con altri arnesi dalli eredi dell' Illmo sig. Cardinale da Est sotto dì 11 di maggio 1583, come al gior[le] a 22.

USCITA.

Quattro teste di marmo, che una con mezzo busto, e una in un tondo, e una senza niente, e una grande scapigliata, donò S. S. Illma a monsig. S. Altopasco. Addì pri[mo] di luglio 1572. Come al gior[le] a 37.

Uno busto di marmo piccholo, donò S. S. Illmo al detto monsig. addì detto. A 37.

Un *Crocifisso* d'avorio senza croce, avuto S. S. Illmo e consegnato per lei a M. Piero Lambardi, secret°, disse per S. S. Illmo, lo mandava a donare in Spagna, come al que[to] G a 58, e messo la croce in conto a lavori d'ebano. In que[to] a 359.

Una testa di porfido col collo mandata a Firenze a quella guardaroba questo di 9 di gennajo 1588. Come al gior[le] s[to] L a 116.

Dua teste di marmo, una d'*Augusto* e l'altra di *Livia* mandate come sopra. A det° gior[le] a 116.

N° quindici fi[g]ure di gesso grande al naturale della storia di *Niobe*, le quali sono venute in Firenze sino il dì 3 di september 1588 e le mandò M. Marcho Marchi per mare. Come al gior[le] s° A di Firenze a 270.

Un *Cavallo* di gesso con più pezzi di gesso venuto come sopra. A a 280.

Dua pilastri di marmo intagliatovi dentro trofei venuti come sopra. Come al gior[le] s[to] A primo a 280.

N° otto teste di marmo antiche si levano da questo conto per averle mandate qua a Firenze Marenzio questo di 28 di decembre 1588. Come al gior[le] s[to] A ⅔ a 50.

1589. Una *Venere* di marmo mandata a Firenze a S. A. S. per M. Marenzio, la quale se consegnata debitora all' inventario, s[to] A primo a 437.

Fol. 32.

Una testa di marmo domedo (?) di grandezza al naturale, con basetta di marmo nero, mandata d'ordine di S. S. Ill.ma al sig. Cavaliere Gaddi, indiritta a M. Gio. Batta Capponi a dì 3 d'agosto 1580, al gior.le G a 103.

Dua *Canini* piccoli di marmo, un bianco e un lionato, dono di S. S. Ill.ma alla serenis.ma Gran Duchessa di Toscana a dì 13 di febbraio 1583, al gior.le a 31.

Dua *Puttini* di marmo si lievano da questo conto per esser mandati a Firenze e messi a entrata all' inventario s.° A pri.° di Firenze a 437.

FIGURE ET ALTRI LAVORI PIÙ SORTE METALLI.

ENTRATA.

Uno *Crocifisso* di cera in su l'altare della cappella della Magliana. Come allo inventario.

Uno campanello di gitto di metallo biancho. Al detto a 26.

Una figura picchola di bronzo sopra una testugine. Al detto inventario originale a 26.

Uno *Crocifisso* di metallo dorato alto bra.ccia $\frac{2}{3}$ in circa con croce di noce, donò a S. S. Ill.ma M. Fabritio Acolti. Addì 28 gennaro 1572. Come al gior.le a 42.

Una figurina intera con uno puto in braccio di metallo; auta da M. Paulo Banchelli. Addì 6 di maggio 1574. Al gior.le 84.

Sei figurette di bronzo, aute da Antonio di Bernardo Alfani rigattiere in Firenze. Addì 12 d'ottobre 1574. Come al gior.le a 101.

Otto figurette di bronzo alte palmi 1 in circa, che una *Ercole*, una *Apollo*, una *Adone*, tre *Bacchi*, uno *Gladiatore*, uno *Fauno*. Pesorno in tut.to ....., fatteci M. Piero da Bargha, scultore di S. S. Ill.ma. Addì 27 di luglio 1575. Come al gior.le a 47.

Un *Satiro* di metallo con una paniera d'uve in capo cavato da quel della Valle, avuto da M. Pietro da Bargha, peso ℔..... avuto a dì 10 di luglio 1576. Al gior.le a 174.

Una figura d'uno *Aci* di metallo che siede con zampogna, di sette canne, pesò ℔... avuto da detto M. Pietro adì 10 detto. Al gior.le a 174.

Una figura di metallo detta *Comodo* con un puttino in braccio, pesò ℔...
avuta da M. Pietro a dì 10 detto. Come al gior'ᵉ a 174.

Un *Bacco* di metallo con una tigre che s'appicca a un albero, pesò ℔...
cavato da quel della Valle, avuto da detto M. Pietro a dì 10 detto, al gior'ᵉ
a 174.

Una *Tigre* di metallo co la basa simile peso ℔ 4 avuta da M. Mario stampatore, consegnò M. Pagolo Banchelli a dì 20 di luglio 1576. Al gior'ᵉ a 180.

Un *Lioncino* di metallo antico, pesò ℔ 2 e once 8, avuto da M. Jacopo Zucchi pittore, addì 27 di luglio. Come al gior'ᵉ a 180.

Un cavallino *Pegaso* di metallo pesò ℔ — once una $\frac{o}{2}$, avuto da detto M. Jacopo addì detto. Come al gior'ᵉ a 180.

Una *Venere* di metallo piccola pesò ℔ — once otto $\frac{o}{2}$ avuta da detto a dì detto. Come al gior'ᵉ a 180.

Un *Cristo con la croce* in braccio di metallo pesò ℔ cinque once quattro, avuto da M. Pietro da Bargha scultore, disse esser ritratto da quel della Minerva[1] a dì 6 di novembre 1576. Al gior'ᵉ a 194.

Uno *Ercole* di metallo pesò ℔ cinque, once otto, avuto da M. Pietro detto, disse esser ritratto da quello del Cardinale Farnese a dì 6 detto. Al gior'ᵉ a 194.

Un *Laoconte* con sua figli di metallo, pesò ℔ dodici once sei, avuto da M. Piero detto, disse esser ritratto da quello di Belvedere. Come al gior'ᵉ a 194.

Un *Crocifisso* di metallo alto un palmo con croce di noce, consegnò M. Pagolo Banchelli a dì 24 di novembre 1576.

Una figura di metallo a giacere detta *Crepuscolo*, avuta da S. S. Illᵐᵒ, consegnò M. Pagolo Banchelli, disse essere stata gittata da M. Bastiano tragittore su modelli di M. Pietro da Bargha scultore addì 28 di febbraio 1576. Al gior'ᵉ a 214.

Una figura di metallo a giacere detta *Aurora*, pesò ℔ sette e once nove, avuta da S. S. Illᵐᵃ, consegnò M. Pagolo Banchelli come sopra addì detto. Al gior'ᵉ a 214.

Una figura di metallo ritta detta *Netunno*, in una mano un tridente e nell'altra una branca di coralli, pesò ℔ tre once quattro, avuta da S. S. Illᵐᵃ come sopra addì detto. Al gior'ᵉ a 214.

---

[1] Le *Christ* de Michel-Ange.

Una figura di metallo rita detta *Plutone* con la forca in mano e col *Can Cerbero*, pesò ℔ 4, avuta da S. S. Illma come sopra. Detto di a gior^e a 2 1 4.

USCITA.

Una figurina di bronzo sopra una testuggine consegnata in camera a S. S. Illma propria. Addì 24 di septembre 1574. In Firenze. Come al gior^le a 104.

Dua figure di bronzo a giacere pesarono ℔ sedici, che una detta *Aurora* e una *Crepuscolo*, dettè S. S. Illma a M. Francesco Silva, portò detto per ordine del sig^e Pompeo dal Monte M^tro di Camera che disse che S. S. Illma gnene dava all' incontro di dua fatte simile ma minore che l'aveva avute da lui piufa, consegnate a M. Jacopo pittore per lo studiolo che fa a dì 14 d'aprile 1579. Al gior^le a 74.

Un *Lioncino* di metallo lungho un $\frac{1}{4}$ braccio, mandato a Firenze a quella guardaroba questo di 26 di novembre 1588. Al gior^le a 90.

Una *Tigre* di metallo mandata come sopra. A detto gior^de a 90.

Una fiura di metallo di peso 1 $\frac{3}{4}$ in circa d'un *Sileno con Bacco* in braccio mandate come sopra. Al gior^e a 90.

Un *Crocifisso* di metallo con corona e panno dorato mandato come sopra, questo dì 2 di gennaio 1588. Chome al gior^de s^to L a 110.

Diciotto quadrettini in rame intagliati da stampare immagini di *Cristo* e della *Madonna* e altri santi, mandati in Spagna a di primo di gennaio 1585. Al gior^le K a 1.

Una testa di metallo d'un *Merchurio* sino a tutto il chollo con occhi d'argento e busto d'argento, mandata a Firenze a S. S. Illma per mano del Procaccio questo di 16 d'ottobre 1587. Al gior^le s° L a 67.

Un sole di metallo antico mandato a Firenze a quella guardaroba. Chome al gior^le s° L a 53.

Un *Cristo* di metallo di palmi 1 $\frac{2}{4}$ in circha con la croce in braccio ritratto da quello della Minerva, mandato a Firenze a quella guardaroba questo dì 26 di novembre 1588. Chome al gior^le s° L a 90.

FIGURE DI METALLI.

ENTRATA.

Una testa piccola di metallo d'un *Mercurio* sino a tutto il collo con occhi d'argento, avuta da S. S. Illma e fattoli fare un busto d'argento con panni dorati e basa da M. Ottaviano da Gallese a dì 25 di giugno 1579. A 127. Al gior^{le} F a 127.

Un *Satiro* piccolo di metallo detto *Marsia* legato a un tronco che s'era avuto da S. S. Illma per acrescerli il piede e se dato a S. S. Illma a di 7 di dicembre 1579 e s'averà fatto acrescere il piede da M. Giovanni tragittatore a di 20 d'ottobre, al gior^{le} F a 155, e per questo non si trova a entrata, si mette al presente.

Un *Mercurio* di metallo dorato che va su la fonte del cortile del palazzo di S. S. Illma in Firenze, consegnatoci da M. Luvigi Pitti agente del sig^r Pagolo Giordano in detto palazo come per invent° e partite in filza d'inventario e conti a n° 31 a 4.

Una testa d'un *Cavallo* di bronzo sopra il truogolo del cortile grande del detto palazzo, consegnata detto come sopra per l'inventario e partite a n° 31 a 4.

Una fighura di metallo nuda d'un *Mercurio* in atto di volare e si regge con un piè sopra a un vento, che escie d'una testa di bronzo che serve per basa, alto dal principio di detta testa sino alla stremità del capo del Mercurio palmi sei, avuta da M. Gianbologna scultore e mandataci di Firenze M. Parugio Giandonati a dì 14 di giugno 1580. Come al gior^{le} G a 74.

Un *Crocifisso* di metallo con crocie d'ebano fatto da Gio Bologna avuto da S. S. Illma in Firenze, consegnò M. Biagio Pignatta con altre robe per mandare a Roma sino a di febbraio 1578. Al gior^{le} B a 91.

Una figura grande di metallo al naturale detta un *Gladiatore* nudo con un morione in testa con una mano fornita da spada e nell'altra un pezzo di bastone, pesa ℔ 1000, fatta dal Amannato e venuta di Firenze a di 19 di marzo 1583. Come al gior^{le} 9 a 43.

Un *Crocifisso* di metallo senza croce lungo palmi uno, pesa ℔ 1 once 9, avuto da M. Alessandro Gambarini tragittatore a di 29 d'ottobre 1583. Al gior^{le} a 193.

Tre figurine di bronzo sopra base di legno tinte di nero fatte da M. Gio. Bologna, che dua femine, una nuda in atto di dormire, e una che sta con un ginocchio in terra, una mano alla testa, e l'altra alla poppa manca con un panno sottopiè, e uno *Ercole* ritto, avute da S. S. Ill.ma a di 7 d'aprile 1584. Gior.de a 225.

Diciotto quadrettini in rame intagliati da stampare d'immagine di *Cristo* e della *Nostra Donna* ed altri santi fattoci M. Aliprando Capriolo da Trento [1] addi 12 d'ottobre 1584. Al gior.de a 301.

Un *Crocifisso* di bronzo lungho palmi uno avuto da S. S. Ill.ma a di 9 d'agosto 1586. Al gior.de a 225.

FIGURE E ALTRI LAVORI DI PIÙ SORTE METALLI.

ENTRATA.

Dua teste di metallo di *N[os]tro Salvatore* e una *Madonna* con le base a l'una, aute da S. S. Ill.ma questo di 5 di guigno 1587. Al gior.le s° L a 17.

USCITA.

Dua teste di metallo dorate a petti e peducci che una d'un *Cristo* e una della *Madonna* mandate a Firenze a quella guardaroba questo dì 18 di novembre 1587. Chome al gior.de L a 86.

INVENTARIO GENERALE DELLA GUARDAROBA
DEL SER.mo CARD.le DON FERDINANDO DI MEDICI GRANDUCA DI TOSCANA,
DAL 1587 AL 1591. N° 132.

CAMEI DI PIÙ SORTE.

ENTRATA.

Un cammeo in che è ritratto di basso rilievo il *Gran Duca Cosimo, sua consorte e figli*, in una scatola bianca, hauto da M. Gio. Battista da Cerreto. Al invent° originale a 97 in dì 14 di novembre.

Tredici pezzi di cammeo d'altre sorte in detta scatola hauti da detto. A 7.

USCITA.

Un chammeo di basso rilievo intagliatovi el *G. D. Cosimo S. M. consorte et*

---

[1] Le sculpteur Aliprando Capriolo, né à Trente en 1557.

figliuoli, consegnò M. Benedetto Fedini al ser^{mo} cardinale addì 30 novembre 1587. Dal gior^{le} A a dì primo di dicembre 87, a 1.

Tredici pezzi di chammei in una schatola biancha, chonsegnò M. Benedetto Fedini, A. S. A. S. addì primo di dicembre 87. Gior^{le} A a 1.

FIGURE, TESTE E BASSI RILIEVI DI GESSO ET DI TERRA.

ENTRATA.

Un quadro di gesso di basso rilievo dorato con 6 figure che vi è un *Bacco*, hauto da M. Gio. Batta da Cerreto Al invent° originale a 22 in dì 24 di novembre 1587.

Un quadro di gesso di basso rilievo dorato con cornice dorata, dicono una *Baccanea* hauto da detto.

Una faccia di gesso del *Sig. Gio de' Medici* in una scatola hauta da detto a 49 in dì 4 di dicembre.

Una testa di gesso hauta da detto a 67 in dì 16 detto.

Una testa di gesso hauta da detto a 67 in dì detto.

Una *Vergine* di gesso hauta da detto. A 68.

Un quadretto di gesso bianco hauto da detto. A 68.

Una *Vergine* di gesso piccola hauta da detto a 120 in dì 15 di gennajo.

Nove teste di marmo con mezzi busti nelli aovati sopra le porte in Pratolino, dall' inventario di Pratolino. A 8.

Una testa con mezzo busto di terra azzurra dal detto inventario. A 18.

Dieci statue di terra da detto inventario. A 26.

Tre figurine di terra di $\frac{2}{3}$ l'una, da detto inventario. A 26.

N° 15 fi(g)ure di gesso intere grande al naturale dell' *Istoria di Niobe*, venute di Roma questo dì 3 di settembre 1588, che le à mandate M. Marenzio Marenzi per via di mare, incassate con altri pezzi di gesso, e le quali fiure sono i nelle stanze o apartamenti del corridoio. E come al gior^{le} s° A p° a 279.

Un *Cavallo* di gesso venuto detto dì insieme colle sudette fiure, il quale similmente è in sul corridoio. Come al det° gior^{le} A p° a 280.

USCITA.

Nove teste di marmo le di contro state poste dare in loro conto a 216.

STATUE, FIGURE, TESTE E BASSI RILIEVI DI MARMO.

ENTRATA.

Un quadro di marmo di basso rilievo, lungo braccia 1 $\frac{2}{3}$ in circa con cornice di legno entrovi più figure, che una che porta una testa, hauto da M. Gio. Batta. da Cerreto, al invent° originale a 22 in dì 24 di novembre 1587.

Una testa di marmo in quadro di basso rilievo d'un *Giovane* hauta dal detto. Al invent° a 22.

Un mezzo aovato di marmo nero entrovi una testa di una *Donna* di basso rilievo hauta dal detto. Al invent° a 22.

Una testa di marmo di basso rilievo del G D. *Cosimo* quando era giovane, hauta da detto. A 22.

Un quadro di marmo di basso rilievo con sua cornice dorata entrovi un *San Girolamo con un Cristo in croce in un bosco*, hauto da detto. A 22.

Un aovato di marmo di basso rilievo di uno *Imperatore* con cornice di legno, hauto da detto. Al invent° a 22.

Una *Madonna* di marmo di basso rilievo a mezzo tondo circa braccia uno, con un putto in collo, hauta da detto. A 22.

Un *Putto* di marmo di basso rilievo che dorme, hauto da detto. A 22.

Un quadro di marmo di una *Resurretione* di basso rilievo con ornamento di noce, hauto da detto. A 22.

Nove teste di porfido di basso rilievo aovate commesse in serpentino di braccia $\frac{1}{4}$ in circa alte, haute da detto. A 23.

Un tondo in scatola di legno dentrovi intaglio di un paese in pietra alberese, hauto da detto a 32, in dì 26 detto.

Un aovato di marmo di braccia 1 in circa, entrovi un *Cristo alla Colonna* con ornamento di noce, hauto da detto a 33, in dì 27 detto.

Un arme di palle con mazzocchio di sopra di rilievo, hauto di sopra. A 33.

Una testa di marmo di basso rilievo con ornam[to] di noce, alta braccia $\frac{1}{3}$ in circa, hauta da detto. Al invent° a 37.

Un quadrato di marmo di basso rilievo, ornamento di legno tinto nero dentrovi una *Madonna con il putto*, un *S. Gio. Batta.*, un *S. Giuseppe* con un pezzo di velluto pag[to] per coprirlo, hauto da detto. Al invent° a 37.

Un quadretto di marmo di basso rilievo, ornam.^{to} di legno dorato, entrovi una *Madonna col figlio in braccio*, hauto da detto. A 38.

Un quadro di marmo di basso rilievo non finito, entrovi una *Madonna con il putto in braccio*, ornam.^{to} di noce intagliato, hauto da detto. A 38.

Un *Putto* di rilievo d'alabastro bianco hauto da detto, a 40, in dì pri^{mo} di xbre.

Un *Cristo* d'alabastro piccolo sur una basa a balaustro, hauto da detto. A 40.

Una testa d'una *Donna* guasto il naso, con una mano e un orecchio di marmo, hauta da detto. A 40.

Un quadro di marmo di basso rilievo d'un *Ganimede rapito da un aquila*, hauto da detto. A 45.

Un ritratto di marmo bianco del *Principe Don Filippo*, hauto da detto a 45 in dì 26 di xbre.

Una testa di sasso hauta da detto a 67 in dì 16 detto.

Un aovato di pietra entrovi un *Ariete*, hauto da detto. A 67.

Un quadro d'una *Vergine* di marmo ornam.^{to} di legno tinto tocco d'oro, hauto da detto, a 103, in dì 12 di gennajo.

Cinquanta teste con mezzi busti di marmo su li loro predelloni in galleria dal invent° originale a 129, in dì 20 di giugno 1588.

Ventinove statue di marmo sul corridore in galleria. Dal invent° a 129.

Un *Porco cignale* di marmo in galleria. Dal invent° a 129.

STATUE, FIGURE, TESTE E BASSI RILIEVI DI BRONZO E ALTRI METALLI.

ENTRATA.

Un quadro di noce intagliato in parte e dorato con frontespitio e gocc^{le} con arme de' Medici, entrovi il *Sacrificio di Abram* di basso rilievo di bronzo con cortine di ermisino mavi hauto da M. Giov. Batt^a da Cerreto, al invent° originale a 22, in dì 24 di novembre 1587.

Un quadro di bronzo di basso rilievo di *N. S^{re} e 2 ladr^{ni} in croce et a basso le Marie*, alto braccia 1 in cir^{ca} senza adornamento, hauto da detto. A 22.

Un quadro di bronzo di basso rilievo con la *Passione di Cristo* con cornice, alto braccia $1\frac{a}{2}$ in cir^{ca}, hauto da detto. Al invent° a 22.

Dua *Ramarri* e una *Serpe* aviticchiati insieme di metallo, hauto da detto a 41 in dì pri^{mo} di dicembre 1587.

Dua croce che una di bronzo con *Cristo* di rilievo, e una d'ottone intagliata da una banda e dall'altra una *Nostra Donna*, hauto da detto. A 41.

Una piastra di metallo drentovi una lucertola che piglia in bocca un'altra lucertola, hauta da detto. A 41.

Una figura di metallo di braccia $\frac{2}{3}$ alta antica con sua basa hauta dal detto, al invent° a 50, in dì 5 detto.

Un quadro di bronzo di basso rilievo entrovi figure, lungo braccia 2 e alto braccia 1 $\frac{2}{3}$ in circa, hauto da detto, a 62, in dì 11 detto.

Tre teste di bronzo haute da detto, a 67, in dì 16 detto.

Dua maschere di bronzo haute da detto. A 67.

Un basso rilievo di bronzo in tavola hauto da detto. A 67.

Un *Nettuno* di bronzo di basso rilievo hauto da detto. A 67.

Dua *Angioletti* di bronzo dorati con 2 candellieri, hauti da detto. A 67.

Una testa di metallo del *Gran Duca Cosimo* con corona in testa e mezzo busto, hauta da detto, a 102, in dì 12 di gennajo.

Una testa di bronzo del *Grand Duca Cosimo* con mezzo busto su uno sgabellone di legno tinto, hauto da detto, a 108, in dì 13 detto.

Una figura di bronzo di basso rilievo alta braccia $\frac{1}{2}$, hauta da detto, a 118, in dì 14 detto.

Una statua di bronzo di uno *Scipione* in su la basa di bronzo, in galleria, dal invent° originale a 129, in dì 20 di giugno 1588.

Un *Ghanimede* di bronzo con basa di noce, dall'invent°° di Pratolino. A 9.

Tre figure in gruppo di bronzo in sur una basa di marmo bianco. A 11.

Un *Erchole* et una *Proserpina* di bronzo con *Cerbero* in basa di bronzo tondo. Dal invent° a 11.

Una testa di rame nominata *il Mangia*. Da det° invent° a 26.

Un *Satiro* picchiolo di bronzo con un fiasco in braccio. Da invent° det° a 26.

Dua *Bertucie* di bronzo et dua alberi simili. Da invent° det° a 27.

Dua *Chani* uno di bronzo et uno di metallo. Da invent° det° a 27.

Un *Capido* di metallo o bronzo alto braccia 1 $\frac{1}{2}$ con suo arco et freccie. Da invent° d° a 27.

Una figura d'una *Donna* di bronzo overo di metallo con sua basa d'ebano et channa d'india profilata d'avorio dare addì 22 dicembre 87, havuto di camera di S. A. S. Chome appare al giorn° A a 6.

Un quadro con ornamento di noce entrovi un ritratto una testa di *Noro-*

Signore Gesu Cristo di metallo di basso rilievo con ornamento del medesimo con 4 teste di cherubini, alto brac^{cia} 1, dal giorna^{le} A a 60, hauto da S. A. S.

Addì 2 di maggio 88. Un quadretto in rame ritrattovi la *Madonna col figlio in braccio et Sta Elisabetta* con ornamento d'ebano e frontespizzio con fiorame et champanella d'ariento, havuto di chamera di S. A. S. Giorn^{le} a 61.

USCITA.

Una figura di una *Donna* di metallo overo bronzo con sua basa d'ebano et channa d'india... che n'è in debito.

STATUE, FIGURE, TESTE E BASSI RILIEVI DI MARMO E PIETRA.

ENTRATA.

Dua *Cani* di marmo sul corridore in galleria, dal invent° originale a 129, in dì 20 di giugno 1588.

Una statua di marmo di una *Donna* grande con un vecchio sotto a piè, in camera terrena. Dal invent° orig^{le} a 129.

Un quadro di marmo di basso rilievo con quattro figure drentovi, con suo ornamento di noce intagliato alto braccia $1\frac{1}{2}$ e largo braccia 2 in circa, dall'inventario di Pratolino. A 2.

Una testa con mezzo busto di marmo a uso di *Zingana* levato dall' inventario di Pratolino. A 2.

Quattro teste di marmo con mezzi busti nelli aovati sopra le porte dal detto inventario di Pratolino. A 5.

Cinque teste di marmo con mezzi busti sopra le porte nel palazzo di Pratolino, dall' invent° di d° Pratolino a 13.

Nove teste di marmo con mezzi busti sopra dette porte come sopra. Al d° a 13.

Nove teste di marmo quali si erano messe in conto di figure et teste di gesso et terra, in g° a 15, però si riducono al loro dovere dall' inventario di Pratolino. A 8.

Sei figure di marmo che una sopra un archo di marmo, da detto inventario. A 26.

Quattro figure di macigno su quattro cholonne doppie a bronchoni, da d° a 26.

Dua *Pavoni* di marmo sur un archo di marmo. Da d° a 26.
Un *Chavallo* et un *Lione* di marmo da detto inventario. Da 26.
Dieci statue di marmo. Da d¹º a 26.
Un *Chavallo* di marmo biancho con alie di rame dorate sul monte di Parnaso, da detto inventario. A 26.
Tre statue di marmo intere da detto inventario. A 26.
Un *Villano* di macigno da detto inventario. A 26.
Un capo di *Serpente* di marmo misctio, busto imbrecciato, dal detto inventario di Pratolino. A 26.
Una *Donna* intera con un putto di macignio. Da d¹º a 26.
Una maschera di marmo sul vivaio. Da d° a 26.
Una statua di macigno. Da d° a 26.
Una botticina di pietra con cannella di bronzo da detto inventario. A 26.
Dua statue di marmo con una capretta. Da d° a 26.
Una statua di marmo. Da d° a 26.
Tre statue di marmo. Da d° a 26.
Otto statue per il barcho che due di macigno e sei di marmo. Da d° a 26.
Trentuno *Termini* di marmo acchomodati in più luoghi. Da d° a 26.
Ventotto sepolchri che diciannove di marmo e nove di terra di più grandezze. Da d° a 26.
Ventisei statue di marmo intere in aovati di ferro a graticole. Da d° a 26.
Dua teste di marmo con mezzo busto sul vivaio. Da d° a 26.
Un *Merchario* a chavallo a un drago di marmo. Da d° a 26.
Un *Eschulapio* di marmo con una serpe in mano. Da d° a 26.
Una statua di marmo di un *Giove* con fulghuri in mano dorati. Da d° a 26.

STATUE, FIGURE, TESTE, ET BASSI RILIEVI ET ALTRE SCHULTURE
DI DIVERSI MARMI ET PIETRE.

ENTRATA.

Un *Aquila* di macigno dall' inventario di Pratolino. A 26.
Un *Orsa* con dua orsacchi di macignio da detto. A 26.
Una statua grande di macignio di pezzi, da detto a 26.
Dodici teste con mezzi busti di marmo da detto. A 26.
Dodici *Termini* per dette da detto inventario. A 26.
Dua *Termini* fuora del palazzo da detto inventario. A 26.

Una statua grande di macignio da detto. A 26.

Dua statue di marmo intere da detto. Inventario a 27.

Una statua di mancigno che dà acqua per le mani. Da d.⁰ a 27.

Cinque figurette di marmo da detto. A 27.

Undici *Caprette* di marmo da detto. A 27.

Una pila di marmo mistio su basa di marmo bianco da detto. A 27.

Una figurina di marmo che chavalca un pescie, alta $\frac{2}{3}$ braccio, dall' inventario generale di Pratolino. A 27.

E in dì 26 maggio 1589. Dal quaderno A 2° a 304 venuto di Livorno quattro teste di marmo piccole.

Un chiusino di marmo o mestura che si struggie.

Tre quadri di marmo bianco venuti di Roma da quella guardaroba come per la mandata delle robe si vede al quad.ᵐᵒ. A 1° a 398.

Tre aovati di marmo simile che uno picchiolo rotto venuti come sopra. Ad q° A a 398.

Cinque tondi di marmo bianco e nero che dua grandi e 3 mezzani come sopra. Come al q° A 1° a 399.

Dua colonnette di marmo biancho e nero venute di Roma per consegniare alla camera come sopra. Al q° A 1° a 408.

Una testa di porfido col collo venuta di Roma come sopra. Al q° A 1° a 409.

Dua teste di marmo che una d'*Augusta* (sic) e una di *Livia*. Al d° q° A 1° a 409.

Un quadro d'un epitafio d'alabastro in una cassetta venuto di Roma come sopra, il quale è di S. A. S. Come al q° s° A 1° a 419.

Dua pilastri di marmo intagliatovi dentro trofei venuti di Roma per mare, mandò M. Marenzio sino il dì 3 di settembre 1588 e detti sono in sul corridoio. Come al q° A 1° a 279.

N° otto teste di marmo antiche venute di Roma, questo dì 28 dicembre 1588, mandò M. Marenzio. Come al q° s. A $\frac{2}{3}$ a 50.

Un pezzo di marmo biancho intagliatovi dentro dua teste di basso rilievo venute di Roma come sopra mand.ᵗᵉ detto di detto. A 50.

Una *Venere* di marmo venuta di Roma, mandò M. Marenzio a dì 28 d'ottobre 1589 e consegniata a S. A. Come al quad° A $\frac{2}{3}$ a 132.

Dua *Puttini* di marmo venuti insieme con detta, e conseg.ᵗⁱ come sopra. A detto q° a 132.

1590. Una testa di marmo di *Bruto* auta della eredità di M. Diomede Lioni, mandatoci di Siena M. Lorenzo Bonsi per ordine di M. Lorenzo Usimbardi questo dì 10 di dicembre 1590. Come a d° q° a 459.

STATUE, FIGURE, TESTE E BASSI RILIEVI DI BRONZO E ALTRI METALLI.

ENTRATA.

Un sole di metallo antico venuto di Roma da quella guardaroba. Chome al q° A a 395.

Una testa di metallo d'un *Merchurio* con occhi e busto d'argento, la quale l'ha in consegnia S. A. S. e venuta di Roma. Come al q° A 1° a 396.

Dua teste di metallo dorate, che una d'un *Cristo* e una della *Nostra Donna* con petti e peducci, venute come sopra. Chome al d° q° A a 396.

Un *Cristo* di metallo di braccia $\frac{1}{4}$ in circa con la croce in braccio, ritratto da quello della Minerva di Roma, mandato come sopra. Come al q° A 1° a 400.

Un fiurino di metallo d'un *Sileno con Bacco* in braccio venuto come sopra. A d° q° A 1° a 400.

Una *Tigre* di metallo di braccia $\frac{2}{3}$ in circa venuta come sopra. A d° q° A 1° a 400.

Un *Lioncino* di metallo lungho braccia $\frac{2}{3}$ venuto come sopra. A d° q° A 1° a 400.

1590. Una testa di bronzo di *Michelagniolo Bonarroti* auta della eredità di M. Diomede Lioni, mandataci di Siena il sig. Lorenzo Bonsi per ordine di M. Lorenzo Usimbardi questo dì 10 di dicembre 1590 [1]. Al g° A $\frac{2}{3}$ a 459.

VII

LETTRE D'ENEA VICO SUR LES COLLECTIONS DE COSME Ier (1555).

« Et V. E. havendo fatto, et l'uno, e l'altro; e conservando non solo rarissime, e bellissime cose antiche, si di medaglie, statue di marmo, e di bronzo; come d'altre cose; e facendone tuttavia fare di nuovo da piu eccellenti di

---

[1] Ce buste ne doit pas être confondu avec un autre, qui est exposé au Musée national de Florence. Celui-ci, en effet, fut donné en 1570 au duc d'Urbin par Antonio del Francesco, le familier de Michel-Ange, et entra ensuite, par voie de succession, dans la possession des Médicis.

questa età, nell' una, e nell' altra materia; e raccogliendo anco appo di se con honorati doni, non solamente della Pittura, Architettura, Musica, et d'altre virtuose arti i professori, ma ancora con stipendij magnifici intertenendo in lettere, et in armi de'piu rari huomini, che habbia l'età nostra : et arrichendo ogni di piu la patria sua di nuove arti, et ornandola di ottimi costumi : (si come io in parte per me medesimo, posso rendermi testimonio, benche minimo sia, per le humaniss. lettere sue havendo ricevuta benigna proferta di honesto intertenimento nella Città di Fiorenza;) di molta maggior gloria è degna, che alcuni de' sopradetti non furono. Il perche debitamente io non poteva, ne deveva; si per le sue infinite virtù, e cortesie, ch'ella ogni dì usa ad ogni qualità di virtuosi, come anco per l'antica servitù, che io ho con lei, ad altra altezza, che a quella di V. S. Eccellentissima, questi miei Discorsi dedicare (come a quello, che niuna altra cosa tanto nobile stima, e degna, quanto i beni dell' animo; i quali molte volte s'acquistano da' vivi essempi de' nostri progenitori, conservati nella eternità de' metalli) accioche per tale mio atto, conosca il mondo, quanto io mi glorio di riverire divotamente un tanto virtuosissimo Signore, e degnissimo della felicità del maggiore Imperio del mondo; procacciando io ogni giorno di trovare nuova occasione, con la quale potessi sodisfare al voler mio, e a quello, di che Vostra Signoria Illustrissima si diletta [1]. »

VIII

LISTE DES ANTIQUES EXPOSÉES AU PALAIS PITTI EN 1568,
D'APRÈS VASARI.

« ANTICAGLIE CHE SONO NELLA SALA DEL PALAZZO DE' PITTI.

IN PRIMA.

« Una Venere, che ecse d'un bagno, con un vaso a pie et un panno sopra.

« Un' altra Venere con un Delfino a cavalloni sopra un putto.

« Un giovane fatto per uno Adone.

« Due figure insieme, cioè un Bacco finto ubriaco, con un fauno, che lo sostiene.

---

[1] Vico, *Discorsi... sopra le Medaglie degli Antichi*, p. 6-7. Venise, 1558.

« Una femmina con certi panni sottili, con un grembo pieno di varij frutti, la quale è fatta per una Pomona.

« Un giovanetto ignudo fatto per un Mercurio, il quale era gia in Belvedere di Roma.

« Un giovane ignudo fatto per un Milone, che con ambidue le mani tiene un vaso di quei loro licori, che adoperavano a ugnersi quando havevano a lottare.

« Un fanciulletto fatto per un Cupido, che mette in corde l'arco.

« Un Fauno con una pelle a traverso, con una mano sul fianco, et l'altra s'appoggia su un bastone.

« Un' altra Venere quasi simile alla prima.

« Queste soprascritte statue sono nelle nicchie, che sono numero dieci.

« Sopra una porta v'è un giovanetto, con un' Aquila a canto, fatto per un Ganimede.

« Sopra all' altra all'incontro v'è un' altro di età simile, che mostra nell'atto cavarsi uno stecco d'un piede, simile a quello del Campidoglio di Roma, che è di bronzo, et questo è di marmo.

« Sopra alla terza porta vi sono due putti posti a sedere in terra, che tengono sotto una mana un' uccello assomigliante a un' anitra, et l'altro braccio alzono.

« In terra ci è un' Hercole con la sua pelle di Lione, et la clava in mano, et nell' altra tre pomi.

« Un' altra figura col manto regio, in atto di affrontare.

« Una feminetta a sedere, vestita dal mezzo in giu, in atto di rimettersi una scarpa.

« Una femina fatta per una Diana con un pardo a piedi.

« Un putto di pietra nera, che dorme, finto per il Sonno, et ha l'ali et un cor netto in mano, et dall'altra è 'l papavero, et una pella di Lione sotto.

« Un' altro putto piu piccolo, che pur dorme, et ha l'ali, et la pelle sotto, senza altro segnale.

« Un Mercurio di getto moderno, formato da quello di marmo.

« Ci è un porco cigniale in atto di sospetto.

« Ci sono due cani, come Corsi.

« Ci sono dua teste grandi col petto, una di un Pirro, et l'altra d'un Domitiano.

« Tutte le infrascritte sono nella sala.

« Ci sono poi in una stanza due torsi maggiori, che 'l naturale, uno di Giove, et l'altro di uno Apollo, et sotto la loggia da basso ci è Hercole che scoppia Anteo. »

IX

DOCUMENTS SUR LES SCULPTURES EXPORTÉES DE ROME À FLORENCE, À PISE ET À SIENNE.

« Per tenore delle presenti ecc. comandiamo ecc. di lasciar passare ecc. tre casse dentrovi tre statue di marmo antiche, cioè un *Apollo*, una *Venere* et un *Gladiatore* et ancora un pilo di granito d'Egitto rosso, quali si conducono da Roma a Firenze per servitio del serm^{mo} sig. Gran Duca di Toscana ecc. Roma, 29 gennaio 1572.

« Firenze, 3 luglio 1572. Si lascino passare le infrascritte teste et statue, cioè una statua del naturale detta *Pindaro*, tre teste senza busto, un'altra con busto, un porco cingiale piccolo, dentro una nicchia, un vaso di mischio et due cassette di pietre di pavimento tutti antichi ecc. che si portano a Firenze per servitio di Monsignor Ugolino Alto Passo.

« Firenze, 16 ottobre 1574. Debbano lasciar passare l'ostensore delle presenti, quale conduce da Roma a Firenze, pell'altezza del Gran Duca di Toscana, un *Bacco* di marmo del naturale moderno.

« Firenze, 11 marzo 1577. Per servitio dell' Illmo e R^{mo} Monsignor Alessandro Arcivescovo di Fiorenza et ambasciadore appresso Nostro Signore pel Gran Duca di Toscana si spediscono quattro statue antiche restaurate modernamente et un pilo ossia fontana moderna in diversi pezzi et altri pezzi di pietra piccola di diverse sorti moderni.

« Firenze, 8 maggio 1577. Lo stesso Monsignor suddetto fa venire un *Giove* maggiore del naturale, tre statue minori pur del naturale, cioè un *Cupido*, una *Minerva* e una *Cibele*, restaurate di novo; tre colonne di palmi dieci l'una, cioè due di giallo e una di marmo bianco scanellate, due colonne d'alabastro cottognino di palmi cinque l'una con base di marmo, un termine di granito che porta un vaso in testa, un torso di un cavallo, un torso di un *Fauno*, un altro di una *Diana*, un balaustro di porfido con il suo peduccio, quattro pezzi di colonna de breccia, una tavola d'affricano rozza di palmi cinque, un pezzo d'africano per fare un petto, un pezzo di giallo, doi pedistalli, un mascherone da fonte et tre pezzi di basso rilievo della historia di *Hercole* : cose parte antiche e parte moderne.

« Firenze, 12 novembre 1578. Il signor Gio. Vittorio Soderini vi provvede una *Venere* ed una colonna di quattro palmi moderne di marmo bianco con un colonnello di mischio piccolo con base e capitello e quattro tavole piccole d'alabastro.

« Firenze, 5 febb. 1579. Lorenzo Quattrocchi spedisce a M. Lorenzo Spinelli un mortaro di porfido col suo pestello.

« Siena, 9 ottobre 1580. Patritio Patritii estrae per uso di un altare un fregio di tre pezzi, una predella anco di tre pezzi, doi triangoli, un tempano di doi pezzi et quattro lastrete piccole de diversi mischii, che in tutto sono palmi 29 dentro cinque cassette.

« Firenze, 17 ottobre 1580. Il Gran Duca di Toscana Francesco de Medici vi fa venire una statua di *Augusto* di marmo, maggiore del naturale, un *Endimione* simile, un servo che tiene un cavallo di mezzo rilievo maggior del naturale, un pillo di marmo ornato di mischi grandi.

« Pisa, 13 aprile 1584. Per servitu del Domo M.ro Bartolomeo Gabrieli fiorentino spedisce sei pezzi di pietre mischie diverse.

« Figline, 3 agosto 1584. M. Oratio Alessandri manda a M. Boncompagni un epitaffio con i suoi ornati.

« Firenze, 27 agosto 1584. Sono spedite dall' Ill.º Card.e Cesis al Ser.mo Gran Duca di Toscana tre casse con le infrascritte statue di marmo : una *Leda* del naturale, un *Apollo* a sedere del naturale et una *Vittoria* vestita in mezzo del naturale.

« Firenze, 31 agosto 1584. Il Gran Duca di Toscana riceve dal Card.e de Medici una testa di *Apolline* ed un putto sopra di marmo, antica.

« Firenze, 9 novembre 1587. Monsignor Ambasciadore pel Gran Duca vi fa venire un pilo di marmo bianco lungo palmi nove et largo cinque.

« Firenze, 15 novembre 1588. Pel Gran Duca si spediscono un lastrone di marmo bianco rustico, otto teste di marmo bianco, cioè una di *Ottaviano Augusto*, una di *Tiberio*, una di *Adone*, una di *Livia*, una di *Giulio* et due che non si conoscono; un pezzo di marmo d'una sepoltura e dentro due teste di mezzo rilievo.

« Livorno, 12 settembre 1589. M.r Marenti vi manda per conto del Duca tre statue, cioè una *Venere* di marmo bianco antica, due *Putini* di marmo bianco moderno, che tengono un delfino.

« Toscana, 14 giugno 1590. Il Gran Duca fa venire nè suoi stati 9 pezzi di marmo giallo, che sono sei rocchi di colonne et tre pezzi da segare, 29 pezzi di marmo affricano che sono 17 rochi di colonne o tondi segate et tre pezzi, rotte da segare et una tavola rotta, cinque pezzi di marmo verde con un pezzo di colonna, 2 mezzi rocchi di colonna, una lastra piccola et un pezo roso piccolo, nove pezzi di Porta Santa, quattro rocchi di colonne rozze et cinque pezzi piccoli da segare, due pezzi di braccia (*sic*) di più colori, un pezzo di marmo nero, un rocchio d'una colonnetta piccola di breccia verde e gialla.

« Toscana, 26 marzo 1591. Altra spedizione consimile in trenta sei casse con diversi pezzi di pietre mischie di più sorte, che in tutto sono pezzi 388.

« Toscana, 24 aprile 1591. Altra di un pilo di porfido rotto in diversi pezzi et cinque inscrittioni di marmo bianco de' doi palmi sempre per conto del Duca.

« Firenze, 7 feb. 1592. G. B. Ubertino vi fa portare a mezzo della barca del padron Garbino Montegada da Saona 5 pezzi di marmo mischio che devono servire per una fontana.

« Pisa, 6 marzo 1592. Bartolomeo di Lorenzo fiorentino vi manda per servizio del Domo tre pezzi di marmo giallo, uno de' quali largo duo palmi e stretto un palmo e mezzo, gli altri uno e mezzo per ogni verso.

« Firenze, 13 maggio 1592. Il signor Marentio Marentii, per servizio del Duca fa spedizione di dua teste di elefanti con un putino per uno sopra, di marmo bianco.

« Firenze, 25 ottobre 1593. Altra spedizione dello stesso di 4 colonne di giallo con tre pezzetti del medesimo, un pezzo di diaspro et un altro pezzo di verde.

« Livorno, 1 e 7 giugno 1595. Nero de Neris manda varie colonne e pietre mischie. »

(Antonio Bertolotti : *Rivista europea*, 1877, t. II, p. 715-716.)

X

DESCRIPTION DE LA VILLA MÉDICIS
A LA FIN DU XVI° OU AU COMMENCEMENT DU XVII° SIÈCLE.

(Voir le texte, § VII.)

Le recueil V, n° 40, du Cabinet des estampes contient (fol. 367) une gravure d'assez petites dimensions avec l'inscription : « Del seren^mo Gran Duca di Toscana palazzo et giardino nel Monte Pincio in Roma ». On n'y voit qu'un très petit nombre de statues (elles sont remplacées par des numéros), telles que les *Niobides* et la statue de *Rome* (n° 35). Quant à la légende qui accompagne la gravure, elle nous a paru mériter d'être reproduite ici. En voici la teneur :

« Nel Monte Pincio vi è il sontuoso Palazzo et giardino del sereniss° Gran Duca di Toscana, ornato di statue antiche e d'altri nobiliss^i adornamenti Regii.

« 1. Palazzo ornato dentro e fuori di belliss^e statue antiche et fregi, et istorie di rilevo di marmo antiche d'inestimabil valore, come appar a chi vede il loco istesso et li notati numeri delle cose più notabili. Alla p^a sallita di dentro al p° piano una loggia con otto colonne. 2. Vicino la porta verso al giordino doi leoni. 3. Sabine dentro le loggie. 4. Mercurio di metallo che versa acqua in un'vaso. 5. Fregi antichi di basso rilevo. 6. Istorie antiche di basso rilevo. 7. Teste di Giove. 8. Statua una di Giove. 9. Bacco. 10. Mercurio. 11. Sabine. 12. Venere. 13. Cerere. 14. Apollo. 15. Giunone. 16. Flora. 17. Prigioni di porfido. 18. Menuno e gladi[1]. 19. Pomona. 20. Pallade. 21. Fonte che salle l'aqua cento scalini. 22. Pili grandi antichi. 23. Galleria dove sono vinti quattro statue antiche et sopra ogni nichia una testa. 24. Ercole. 25. Cerere. 26. Apollo. 27. Diana. 28. Ercole. 29. Cere (*sic*). 30. Giove. 31. Palla. 32. Sallita al bosco. 33. Piano et bosco che circuisce gran spatio più di quel che appare. 34. Sette nichie con figure belliss^e. 35. Stat^a di Roma grande. 36. Font^e di musai^a. 37. Spartimenti de semplici

---

[1] *Sic*, pour « Mercurio con gladi ».

con arbor de frutti nani. 38. Spartimenti d'alberi de frutti ne viali. 39. Cleopatra. 40. Historia de Niobe con 14 figl¹ di marmo al naturale. 41. Pozzo che da l'aqua al giard. 42. Murag. di Ro. 43. Monte in forma di Mausoleo con acipressi. 44. Cuppola in cima al monte con fontana che salle dal condotto anticho l'aqua Virg^{ne} da 225 canne incirca. 45. Porta della grotta sotto al monte. »

XI

NOTE DE JEAN BOLOGNE
SUR DES RESTAURATIONS DE STATUES ANTIQUES [1].

« Al mag^{co} M. Cosimo proveditor sopra li antichalia de la galeria di Suo (sic) A. S. . . .

« Lavori fatti de M. Silla escoultore (sic) per S. A. S^a.

« Restaurato uno *Paris* (?) asentato ciovè fatto tutta duo le gambe et ona meza cossia et li duo bracia, ritochato il panno dinansi quatro taselle ne le cosia et il naso.

« Una *Escolapi* magiore del natourale fatto il bracio dretto con ona petra di mano la mano mancho li duo ganba del meso abaso il troncho con il serpa a la testa quatro tasella con il nasa (sic) incolato la testa sopra detto figoura (sic).

« Al *Centauro* detto Cilla in Roma li meso insiema la bassa che era in petra duo tasella a le gamba dinance il troncho sotto al chavalo et li modello de li gamba et li bouso (?).

« De pieu (sic) fatto li modelli de li ganba di on *Apolo* gando (sic) fatta (?) ne la logia di Bardi.

« Tout (sic) questi faticha montano fiorino ottanto otto (88).

« Giò Bolongna.

« Io Silla ho fatto li sopradetti lavori, per ordini di Sua A. S^a dattemi

---

[1] Ce document prouve avec quelle inexpérience le grand sculpteur français maniait la langue italienne.

dal' s^or Emilio cavagliere e lasati nella logia di Bardi, in tutto montano fiorini ottantotto d'acordo. Silla mano ppa. »

(Archives de la Maison du Roi; Section des Médicis, filza 183, inserto 1, pag. 3 [1].)

[1] Un passage de Vasari nous apprend que Valerio Cioli eut une part considérable à la restauration des antiques du palais Pitti : « Valerio Cioli da Settignano, il quale è giovane di ventisei anni, ha in Roma, al giardino del cardinale di Ferrara a Montecavallo, restaurate molte antiche statue di marmo, rifacendo a chi piedi, ed ad altra altre parti che mancavano; ed il simile ha fatto poi nel palazzo de' Pitti a molte statue che v'ha condotto per ornamento d'una gran sala il Duca. » (Éd. Milanesi, t. VII, p. 639.) — Un document, qui, des Archives de la Maison du Roi, est récemment entré aux Archives d'État (n° 87), contient l'état, salle par salle, des œuvres d'art conservées au palais Pitti, au Palais Vieux et dans d'autres édifices appartenant aux Médicis. Ce document, intitulé : « Inventario delle robe della guardaroba... gia del gran duca Cosimo... oggi del sig' gran duca Francesco de' Medici... cominciato questo di tre di giugno 1574... » n'enregistre malheureusement qu'en bloc les marbres antiques du palais Pitti : « Figure di marmo n° trenta cinque tra figure humane et d'animali, parte appiccate insieme, et parte di per se spiccate et sole... nella sala delle figure » (fol. 9 v°). Citons encore un « Sciopone (sic) in statua una di bronzo d'alteza braccia tre in circa; in basa di marmo » (Stanza della Credenza de' Pitti, fol. 11); — « teste due di bronzo di Scipione sopra due porte in detta stanza (... A Pitti nella prima camera terrena, dove stava il Gran Duca di bona memoria »; fol. 11 v°), etc. — Au sujet des œuvres modernes mentionnées dans les inventaires ci-dessus reproduits, voir la Chronique des arts et de la curiosité, 1895, p. 72-73.

TABLE DES MATIÈRES.

		Pages.
I.	Introduction.	5
II.	Le palais des Médicis à Rome	8
III.	Alexandre et Lorenzino de Médicis	15
IV.	Cosme Ier.	18
V.	François Ier.	25
VI.	Ferdinand Ier.	27
VII.	La villa Médicis	29
VIII.	La « Vénus de Médicis ».	34
IX.	La « Thusnelda » de la « Loggia dei Lanzi ».	37
X.	Les Deux « Molosses ».	39
XI.	Le « Rémouleur » ou le « Scythe écorcheur ».	39
XII.	Le « Sacrifice du Taureau ».	40
XIII.	Les « Niobides ».	43

PIÈCES JUSTIFICATIVES.

I.	Vase antique trouvé près de Luni en 1527	44
II.	Découvertes de médailles à Magliana, près de Pistoja, en 1546	45
III.	Sculptures antiques découvertes à Florence en 1567	46
IV.	Catalogue des sculptures du palais Médicis à Rome, d'après Aldroandi	47
V.	Extraits de la Chronique de Varchi relatifs aux collections de Lorenzino de Médicis et d'Alexandre de Médicis	48
VI.	Inventaires de la garde-robe des Médicis	50
VII.	Lettre d'Enea Vico sur les collections de Cosme Ier (1555)	79
VIII.	Liste des antiques exposées au palais Pitti en 1568, d'après Vasari	80
IX.	Documents sur les sculptures exportées de Rome à Florence, à Pise et à Sienne.	82
X.	Description de la villa Médicis à la fin du XVIe ou au commencement du XVIIe siècle.	85
XI.	Note de Jean Bologne sur des restaurations de statues antiques	86

www.ingramcontent.com/pod-product-compliance
Lightning Source LLC
LaVergne TN
LVHW050601090426
835512LV00008B/1281